পূজা চক্রবর্তী

Copyright © Puja Chakraborty
All Rights Reserved.

This book has been self-published with all reasonable efforts taken to make the material error-free by the author. No part of this book shall be used, reproduced in any manner whatsoever without written permission from the author, except in the case of brief quotations embodied in critical articles and reviews.

The Author of this book is solely responsible and liable for its content including but not limited to the views, representations, descriptions, statements, information, opinions and references ["Content"]. The Content of this book shall not constitute or be construed or deemed to reflect the opinion or expression of the Publisher or Editor. Neither the Publisher nor Editor endorse or approve the Content of this book or guarantee the reliability, accuracy or completeness of the Content published herein and do not make any representations or warranties of any kind, express or implied, including but not limited to the implied warranties of merchantability, fitness for a particular purpose. The Publisher and Editor shall not be liable whatsoever for any errors, omissions, whether such errors or omissions result from negligence, accident, or any other cause or claims for loss or damages of any kind, including without limitation, indirect or consequential loss or damage arising out of use, inability to use, or about the reliability, accuracy or sufficiency of the information contained in this book.

Made with ♥ on the Notion Press Platform
www.notionpress.com

আমি পূজা চক্রবর্তী আমার লেখা "হারানো সুর " কাব্যগ্রন্থটি " জগৎ জননী দেবী মহামায়ার পদতলে " উৎসর্গ করলাম।

বিষয়বস্তু

ভূমিকা vii

কবি পরিচিতি ix

1. হারানো সুর 1

• v •

ভূমিকা

" সাদা কালো ইতিহাস
উদাসীন মন,
জানতে চায় না আর
হটাৎ পরিবর্তনের কারণ। "

সহজ সরল ভাষাশৈলী ব্যাবহার করে সাহিত্য প্রেমী বন্ধুদের জন্য নিয়ে এসেছি "_হারানো সুর_"

গ্রন্থটি। সুপ্রিয় পাঠকদের উদ্দেশ্যে বলবো,_

এই গ্রন্থে যে সমস্ত গল্পগুলি স্থান পেয়েছে, তা কবির কল্পনাপটের বিচরণ ক্ষেত্রে মুগ্ধতা সৃষ্টি করেছে।আশা করি পাঠকগণ গ্রন্থ পাঠে তৃপ্তি লাভ করবে। "হারানো সুর" গ্রন্থে প্রেম, বিরহ, বিচ্ছেদ, জীবনবোধ, আত্মনির্ভরতা, মান - অভিমান, প্রভৃতি বিষয়ে সামাজিক এবংবাস্তবিক চিত্র ফুটে উঠেছে। পাঠকদের ভালোলাগা ও ভালোবাসা কবির অনুপ্রেরণা।পাঠকদের প্রতি অফুরন্ত ভালোবাসা রইলো। যারা এই বইটি প্রকাশ করতে অফুরন্ত পরিশ্রম করেছেন তাদের প্রতি ভালোবাসা ও কৃতজ্ঞতা জানাই।

কবি পরিচিতি

পূজা চক্রবর্ত্তী

অধুনা ভারতবর্ষের পশ্চিমবঙ্গ রাজ্যের কোচবিহার জেলার ঘোকসাডাঙ্গা থানার অন্তর্গত ছেরামারি গ্রামে ২০০১ সালে ১৩ অক্টোবর জন্ম গ্রহণ করেন। পিতা অজয় চক্রবর্ত্তী এবং মাতা সজল চক্রবর্ত্তী। পরিবারে দুটি সন্তানের মধ্যে ছোটো সন্তান পূজা চক্রবর্ত্তী। বাল্যকালে প্রাইমারি স্কুলে পড়াশুনা শেষ করে পাটাকামারী রাজেন্দ্র নাথ উচ্চবিদ্যালয় থেকে ২০১৮ সালে মাধ্যমিক ও ২০২০ সালে উচ্চ মাধ্যমিক পরীক্ষায় সাফল্যের সঙ্গে উত্তীর্ণ হয়। বর্তমানে ঘোকসাডাঙ্গা বীরেন্দ্র মহাবিদ্যালয়ে ইংরেজি অনার্সের ৩য় বর্ষে পাঠরত।

1

হারানো সুর

টিউশন পড়িয়ে বাড়ি ফিরে আসার সময় হঠাৎ প্রিয়ার ব্যাগে থাকা ফোনটা টিং টিং করে বেজে উঠে , ওপাশ থেকে বিপরীতে এক বহু পরিচিত কন্ঠ ভেসে আসলো

"_কেমন আছো?"

"আমি ভালো আছি, হ্যাঁ আমি খুব ভালো আছি।ভগবানের উপর বিশ্বাস করি, বিধির বিধান হাসি মুখে মেনে নিতে শিখে গেছি।

আজ মনে হচ্ছে সত্যি অনেক বড়ো হয়ে গেছি। দায়িত্ব কর্তব্য পালনে নিজের ইচ্ছা গুলোকে নিজের হাতেই বলি দিতে শিখে গেছি। যাই হোক আমি ভালো আছি। মুখোশের আড়ালে থাকা মানুষ গুলোকে আজ খুব ভালো করেই চিনতে শিখে গেছি। বাস্তবতা শিখে গেছি। আজ মনে হচ্ছে আমি সত্যি শিক্ষিত কারণ বাস্তবতা না শিখলে কেউ সঠিক ভাবে শিক্ষিত হতে পারে না। সত্যি বলতে আজকাল কারোর কাছ থেকে কিছু আশা করি না। সবার কাছে আমি প্রয়োজনে প্রিয়জন । যে আমার সঙ্গে যেমন ব্যাবহার করে, আমিও তার সঙ্গে ঠিক তেমন ব্যাবহার করতে শিখে গেছি। মোট কথা তোমরা আমায় শিখিয়ে দিয়েছো অনেক কিছু। তোমাদের কাছেই তো শিখেছি অবহেলা কি? তোমাদের কাছেই তো শিখেছি মিথ্যে অভিনয় কিভাবে করতে হয়?

তবে, তোমাদের মতো মনুষত্ব বিসর্জন দিয়ে অন্যকে অপমান করে অন্যের অধিকার ছিনিয়ে নিয়ে ভালো থাকতে শিখিনি আজও ।দুবেলা দুমুঠো ভাতের জন্য রক্তক্ষয়ী পরিশ্রম করে জীবন যুদ্ধ চালিয়ে যাচ্ছি। মানুষ তো আমি চিনে গেছি। আর চিনেছি নিজেকেও।

একটানা এত গুলো কথা বলে ফোনটা রেখে দিল প্রিয়া। প্রিয়ার উত্তর শুনে বিপরীত কন্ঠ কি বলবে সেই অপেক্ষায় বৃথা সময় নষ্ট না করে সামনের দিকে এগিয়ে চললো প্রিয়া। বিপরীত কন্ঠের মানুষটি ছিলো তার স্বামী।

বছর দশেক আগে পরিবার থেকে দেখাশুনা করেই বিয়ে হয় প্রিয়ার। প্রিয়ার ইচ্ছে ছিলো নিজে প্রতিষ্ঠিত হবে। কিন্তু বিয়ে হয়ে যাওয়ায় তার পড়াশুনাটা আর হলো না। যদিও বিয়ের আগে তার শশুর বাড়ি থেকে বলেছিলো _" তোমার যত দিন ইচ্ছে তুমি পড়তে পারবে। আমরা কোনো আপত্তি নেই। কিন্তু বিয়ের পর প্রিয়া বুঝতে পারে সেই সমস্ত কিছুই ছিলো কেবল মাত্র লোক দেখানো মিথ্যে প্রতিশ্রুতি । উচ্চমাধ্যমিক এ লেটার মার্কস নিয়ে পাস করে ছিলো প্রিয়া। ইচ্ছে ছিলো গ্র্যাজুয়েশন কমপ্লিট করে চাকরি করবে।

বিয়ের পর যখন তাকে আর পড়তে দেওয়া হলো না, সে তার মাকে বলেছিলো কিন্তু তার মা তাকে বলে -" বিয়ের পর মেয়েদের আসল বাড়ি শশুর বাড়ি, ওরা যা চায় তাই হবে। একটু মানিয়ে নে। আর এত পড়াশুনা করে কি আর হবে?"

তারপর থেকে প্রিয়া সবটাই মুখ বুঝে মেনে নিলো, শশুরবাড়িতে প্রচুর কাজ করতে হতো তাকে। তার ওপর মানসিক ও শারীরিক অত্যাচার। শশুর মশাই তো প্রতি দিনই বলতেন - _ " এই ভিক্ষারির মেয়ে বিয়ে করানোই আমাদের ভুল হয়েছে। বিয়ের সময় একটা টাকা পয়সাও দিলো না।"।

সবই মেনে নিয়েছিল প্রিয়া। বিয়ের তিন বছর পর প্রিয়া এক কন্যা সন্তান হলো , তারপর থেকে অত্যাচারের পরিমাণটা আর দ্বিগুণ বেড়ে গেলো। তার স্বামীর বক্তব্য -" যে মেয়ে স্বামীকে একটি পুত্র সন্তান উপহার দিতে পারেনা। যে মেয়ে তার শশুর বাড়ির বংশ রক্ষা করতে পারে না। সে মেয়ের এর থেকে বেশি সম্মান আশা করা উচিত না।"

প্রিয়া তার মেয়ের নাম রাখলেন "অনন্যা"। মেয়ের বর্তমান বয়স যখন দুই বছর সাত মাস , প্রতিদিনই প্রিয়া যখন তার মেয়েকে " ক খ গ ঘ _ শেখাতে বসে তখনই তার শাশুড়ি এসে মেয়েকে জোড় করে নিয়ে চলে যেতো আর বলতো -" মেয়ে মানুষকে এত লেখা পড়া শেখাতে হবে না।" প্রিয়া বুঝতে পারলো এই বাড়িতে থাকলে তার মেয়ের জীবনটাও তার মতোই শেষ হয়ে যাবে। প্রিয়া শশুর বাড়ি ছেড়ে ছোট্ট অনন্যাকে নিয়ে বেড়িয়ে গেলো। বাপের বাড়িতে যেতেই দাদা বৌদি বলতে শুরু করলো - " সংসারে অলক্ষ্মী প্রবেশ হলো , নিজের সংসারটা তো খেয়ে এসেছে, এবার আমাদের সংসারটাও খাবে"। দাদার বৌদি মুখে এমন কথা শোনার পর প্রিয়া তার ছোট্ট মেয়েকে নিয়ে অজানা পথে বেরিয়ে গেলো। হঠাৎ তার সঙ্গে দেখা হলো প্রিয়ার স্কুলের হেড ম্যাডাম মৃণালিনী ম্যাডামের সঙ্গে। ম্যাডাম তার সমস্ত কথা শুনে প্রিয়া ও তার মেয়েকে নিয়ে গেলো নিজের বাড়িতে। বর্তমানে প্রিয়া দিনে তিন বেলা ছাত্র ছাত্রীদের টিউশন পড়িয়ে নিজের এবং তার মেয়ের ছোট্ট সংসার খুব ভালো করেই চালিয়ে নিচ্ছে। সে তার ছাত্র ছাত্রীদের এবং তার মেয়েকে সব সময় বলে -

-" অন্যায় যে করে আর অন্যায় যে সহে ,
তব ঘৃনা যেনো তারে তৃণ সম দহে। _"

সমাপ্ত

পূজা চক্রবর্তী

"জীবন সাথী"

আমাদের গ্রামে হেড পুলিশ অফিসারের চাকরি পাপ্ত রুদ্র সেনের আজ সম্বর্ধনা অনুষ্ঠানের আয়োজন করেছেন গ্রামের সকল সদস্যগণ।

রুদ্রবাবুর বাড়ি কলকাতায় কিন্তু চাকরি সূত্রে তাকে আসতে হচ্ছে গ্রামে, গ্রামে তিনি একটি বাড়ি ভাড়া করেছেন। অনুষ্ঠান শুরু হবে সকাল 10 টায়। কলকাতা থেকে ভাড়া বাড়িতে আসার পথে উর্মি উনার গাড়িতে লিফট নিয়ে এসেছিল মাহী নগর গ্রামে। উর্মির বাড়ি এই গ্রামেই , সে এক দরিদ্র কৃষকের সন্তান। বয়স্ সবে 25, কলকাতা গিয়ে ছিল চাকরির পরীক্ষা দিতে,আসার পথে বাস ধর্মঘট চলছে। উর্মি চাইলে পরের দিন আসতে পারত কিন্তু গ্রামের নতুন পুলিশ অফিসারের সংবর্ধনা অনুষ্ঠানে উর্মিকে অনেক দায়িত্ব দিয়েছে কমিটি। তাই তাকে আজই বাড়ি ফিরতে হবে,কিন্তু সে নিরুপায় একটি বাসও নেই। মনের দুঃখে ব্যথিত হয়ে উর্মির চোখে জল চলে এলো এমন সময় পিছন থেকে একটি গাড়ির হর্ন বাজলো। উর্মি দৌড়ে গিয়ে গাড়ির সামনে দাড়ালো,একটুর জন্য দুর্ঘটনার হাত থেকে রক্ষা পেলো।

_তুমি আমার গাড়ির সামনে এভাবে ঝাঁপিয়ে পড়লে কেনো? আত্মহত্যা করার ইচ্ছে আছে নাকি?

_না না স্যার আসলে আমি চাকরির পরীক্ষা দিতে শহরে এসেছিলাম কিন্তু কোনো গাড়ি পাচ্ছি না। আপনি আমায় একটু মাহী নগর গ্রামে পৌঁছে দিতে পারবেন।

_আচ্ছা গাড়িতে বসো।

_আপনার অসুবিধে হবে না তো?

_না না আমি সেই গ্রামেই যাচ্ছি।

উর্মি রুদ্রবাবুর গাড়িতে উঠে বসে ।

_আপনার নামটা জানতে পারি?

_উর্মি দে

_আপনার?

_ রুদ্র সেন

উর্মি আর রুদ্র মাহীনগরে পৌঁছে গেছে, গাড়ি এসে থামলো সংবর্ধনা অনুষ্ঠানের সামনে।

_ধন্যবাদ

_স্বাগত

_আপনাকে কত টাকা ভাড়া দিতে হবে?

_ কেউ বিপদে পড়লে তাকে সাহায্য করা আমার কর্তব্য। ক্ষমা করবেন আমি ভাড়া নিতে পারবো না।

এই বলে রুদ্রবাবু গাড়ি থেকে নেমে সামনের দিকে এগিয়ে চলেন।

উর্মি আর কিছু না ভেবে, স্টেজের পিছনে কমিটির লোকেদের সাথে কথা বলতে চলে যায়। উর্মি বুঝতে পারে না যে , এই সেই পুলিশ অফিসার আজ যার সম্বর্ধনা অনুষ্ঠানে ব্যাস্ত সকলে। উর্মিকে ছাড়া গ্রামের বাচ্চা থেকে বয়স্ক সবাই প্রায় অচল।

_স্টেজে ডেকে নিচ্ছি আমাদের নতুন পুলিশ অফিসারকে,এইবার ফুলের তোড়া দিয়ে পুলিশ অফিসারকে স্বাগত জানাতে মঞ্চে আসছে আমাদের গ্রামের নয়ন মনি উর্মি দে।

নামটা শুনে একটু চমকে উঠে পুলিশ অফিসার, মনে মনে ভাবলো এটা কি সেই উর্মি নাকি অন্য কেউ,উনার ভাবনা শেষ হতে না হতে উর্মি আর রুদ্র দুজনেই অবাক ,এই সেই পুলিশ অফিসার! যাইহোক মাল্য দান, ফুলের তোড়া দিয়ে উনাকে স্বাগত জানালো উর্মি।

_উর্মি একটা বিপদ হলো রে, গ্রামের কেউ অনুষ্ঠানে অংশ গ্রহণ করতে চাইছে না,ওরা বলছে "গ্রামে তো আগেও অনেক পুলিশ অফিসার এসেছে কিন্তু গ্রামের কোনো পরিবর্তন হয়নি।" তাই তারা গান ,নাচ, আবৃত্তি কিছুই করতে চাইছে না।অনুষ্ঠানটা কি তবে শেষ! এই ঘোষণা করে দিচ্ছি।

অন্য দিকে স্টেজে অনুষ্ঠান শেষ ঘোষণা করে দেন কমিটির এক সদস্য ।পুলিশ অফিসার অবাক তিনি মনে মনে ভাবছে_ "এত সুন্দর আয়োজন আর এত তাড়াতাড়ি শেষ। কিন্তু কেনো?"

এমন সময় স্টেজে উঠে মাইক্রোফোনের সামনে উর্মি তার বক্তব্য রাখে।

"_উপস্থিত সমস্ত গুরুজনদের প্রণাম ও ভাই বোনদের ভালোবাসা জানিয়ে বলছি এই অনুষ্ঠান এই মুহূর্তে শেষ করা উচিত হবে না। উনি আমাদের গ্রামে নতুন পুলিশ অফিসার,উনাকে সন্মান জানানো আমাদের কর্তব্য। আমি মানলাম গ্রামে এর আগে উনার মতো আরও অনেক পুলিশ অফিসার এসেছেন এবং তাদেরও আমরা এই অনুষ্ঠান করে সন্মান জানিয়ে ছিলাম কিন্তু তারা কেউ আমাদের বিশ্বাস রক্ষা করেনি তাই বলে বাকিদের মতো উনিও বিশ্বাস ভাঙবেন ,এটা ভাবা ভুল উনাকে একবার সুযোগ দেওয়া উচিত।

উর্মির কথা শেষ হতেই সবাই নিজেদের জায়গায় গিয়ে বসলো।

"_উর্মি এই মুহূর্তে কেউ যে গান গাইতে চাইছে না। আর উদ্বোধনী সঙ্গীত ছাড়া কিভাবে অনুষ্ঠান টা শুরু করবো?"

"_তুমি চিন্তা করো তো না কাকু, আমি আছি তো।"

উর্মি স্টেজে গিয়ে গান গাইলো - "মাঝে মাঝে তব দেখা পাই চিরদিন কেনো পাই না"

উর্মির বক্তব্য ও অসাধারণ গানে রুদ্র মুগ্ধ হয়ে যায়। উর্মিকে দেখে সাহস পায় বাকিরা, তারাও খুব সুন্দর ভাবে অনুষ্ঠানে অংশ গ্রহণ করে।

অনুষ্ঠান শেষ ,কিন্তু সন্ধ্যা নেমেছে,উর্মি একা একা অন্ধকারে ভীষন ভয় পেয়ে থর থর করে কাঁপতে থাকে। পুলিশ অফিসার সেটা লক্ষ্য করে কমিটির একজনকে অনুরোধ করে উর্মিকে বাড়ি পৌঁছে দিয়ে আসতে।

উর্মি বাড়িতে এসে হাজির হলো।

উর্মির ছোট্ট বোন তিতলি

"_দিদি জানিস বাবা তোর পাশের রুমে আমাদের গ্রামে নতুন পুলিশ অফিসারকে ভাড়া দিয়েছে ।"

__কি বলছিস কি ?

_ হ্যাঁ রে দিদি ,আচ্ছা দিদি কালকে তুই শুধু ঐ পুলিশ অফিসার কে স্বাগত জানাতে সারাদিন এত কিছু করলি। সারাদিন কিচ্ছু খাওয়া দাওয়া করিসনি। তোর শরীর ঠিক আছে তো?

_হ্যাঁ রে আমার শরীর একদম ঠিক আছে।

রুদ্র ছাদ থেকে সব কথা শুনে এবং বুঝতে পারে উর্মির কর্তব্য বোধ কতখানি গভীর ।

পরের দিন সকাল হলো,রুদ্র ভেবেছিল ব্রেকফাস্টটা হোটেল থেকে নিয়ে আসবে ।কিন্তু রুদ্র জানতো না এই গ্রামে হোটেল নেই।

রুদ্র মনে মনে ভাবছে "_এ কোন গ্রামে এসে পড়লাম না খেয়েই থাকতে হবে মনে হয়।"

এমন সময় তিতলি অফিসারের জন্য খাবার নিয়ে আসে,

"__স্যার আপনাকে আর খাবার নিয়ে ভাবতে হবে না , রোজ সঠিক সময়ে আমি আপনার খাবার দিয়ে যাবো।"

"__আমি তো তোমার দাদার মতো তাই আমাকে স্যার না বলে দাদা বলে ডাকবে।"

_হুম,আচ্ছা ঠিক আছে ।

রুদ্র বুঝতে পারলো উর্মির পরিবার কতটা দায়িত্ব পরায়ণ। কিন্তু টাকা ছাড়া খওয়াটা উচিত নয়। এইভাবে খেলে ওদের অনেক টাকা নষ্ট হবে।কিন্তু এইভাবে ওদের টাকা দিয়ে অপমান করাটাও উচিত নয়।তাই রুদ্র প্ল্যান করলো প্রতি মাসে একদিন সে তার নিজের কলকাতার বাড়ি থেকে ফেরার সময় শহর থেকে হোটেলের খাবার আর বাড়ির প্রত্যেক সদস্যের জন্য পোশাক নিয়ে আসবে। যেই ভাবা সেই কাজ , তিনি দশ দিন পর একদিনের ছুটি নিয়ে নিজের বাড়ি যান।এবং ফেরার পথে খাবার ও পোশাক নিয়ে আসে কিন্তু পোশাক গুলো দেওয়ার সাহস পেলো না। তারপর কেটে গেলো তিন মাস।বর্তমানে গ্রামের অনেক উন্নতি লক্ষ্য করা গেছে, গ্রামের রাস্তা এবং একটি বড়ো হোটেল তৈরি হয়েছে।সেই হোটেলে অনেক গরীব ও বেকার ছেলে মেয়েদের কর্মসংস্থানওর হয়েছে। অপরাধীরা আজ জেলে। কিন্তু তাদের মধ্যে একজন যার নাম রবি সে সব সময় গ্রামের সমস্ত ছোট বড় নারীদের উত্তপ্ত করত কিন্তু তার বিরুদ্ধে

থানায় কেউ নালিশ করতে পারেনি বলে সেই অপরাধী আজও জেলের বাইরে ঘুরে বেড়ায় এবং মেয়েদের কু প্রস্তাব দিয়ে উত্তপ্ত করে ।

রুদ্র নিজের থানায় কর্তব্য পালন করছে ,এমন সময় থানায় হাজির হলো উর্মি।

__উর্মি তুমি?

_নালিশ জানাতে এবং ডাইরি করতে এসেছি,

_কার বিরুদ্ধে?

_রবি

_কিন্তু আমি তো শুনেছি সে খুব ভয়ঙ্কর ,তুমি নালিশ করেছ জানতে পারলে তোমাকে প্রাণে মেরে ফেলতে পারে !

_আমি ভীতু নই রুদ্র ।

তিন মাসে উর্মি আর রুদ্রের মধ্যে বেশ ভালোই বন্ধুত্ব হয়। তাই রুদ্র বুঝতে পারে উর্মি অন্ধকার ছাড়া আর কিছুতেই ভয় পায় না।

কিন্তু রবি যে রুদ্রকে প্রাণের মারার হুমকি দিয়েছে সেটা কেউ জানে না শুধু তিতলি জানে।

_তিতলি তুমি কি তোমার দিদিকে রবির ব্যাপারে কিছু বলেছ?

_হুম

_রুদ্র বুঝতে পারে উর্মি নিজের প্রাণের ঝুঁকি নিয়ে রুদ্র এবং গ্রামের সকলকে বাঁচাতে চাইছে।

_উর্মির অভিযোগের ভিত্তিতে রবিকে অ্যারেস্ট করা হয় এবং আদালতে উর্মি ও অন্যান্য মহিলাদের বয়ানের ভিত্তিতে তার ২০ বছরের জেল হয়।

গ্রামের সকলে খুব খুশি খুব গর্বিত নতুন পুলিশ অফিসারকে নিয়ে। সবাই আনন্দিত।

উর্মি নিজের ঘরে পড়াশুনা করছে হটাৎ দরজার ঠক্ ঠক্ শব্দ।

__রুদ্র তুমি?

_এটা তোমাকে দিতে এসেছি।

_কি এটা ?

_শাড়ি

_কিন্তু?

_আমি সবাইকেই দিয়েছি প্লিজ না করো না। কাল যখন গ্রামের মধ্যে বর্ষ বরণ অনুষ্ঠান হবে তুমি এই শাড়িটা পরবে কিন্তু প্লিজ।

উর্মি কিছু বলার আগেই রুদ্র চলে গেলো। উর্মি রুদ্রকে ভালোবাসে কিন্তু সেটা অপ্রকাশিত ভালোবাসা । বর্ষবরণ অনুষ্ঠান উপলক্ষে রুদ্রর বাড়ির লোক আসলো মাহি নগর গ্রামে ।অনুষ্ঠানে উর্মি রুদ্রর দেওয়া সেই লাল টুকটুকে শাড়ি পরে এলো। সকলের সামনেই রুদ্র উর্মিকে বিবাহ প্রস্তাব দিলো। সকলেই রাজি হলো । কিন্তু উর্মি কিছু না

বলেই লজ্জা পেয়ে সেখান থেকে ছুটে চলে আসে তার ঘরে। উর্মির মা বাবার সঙ্গে রুদ্রের মা বাবা ওদের বিয়ের ব্যাপারে পাকা কথা বলছে। সামনের সোমবারই ওদের বিয়ে। যথা সময়ে ওদের বিবাহ সুসম্পন্ন হলো।

কিন্তু উর্মি নিজের মুখে তার ভালোবাসার কথা স্বীকার না করায় রুদ্র অভিমানে কথা বলে না উর্মির সাথে!

__রুদ্র ,কি হয়েছে তোমার ? আজ আমাদের বিয়ে হয়েছে পাঁচ দিন হয়ে গেলো। কিন্তু তুমি তো আমার সঙ্গে কোনো কথাই বলছো না। কি হলো রুদ্র আমার সঙ্গে কথা বলছো না কেনো?

__কি বলবো বলো তো ?

__মানে টা কি রুদ্র? আমাদের বিয়ে হয়ে গেছে, আর তুমি বলছো কি বলবে?

__তুমি কি বলেছো কিছু আমায় ?

_ সরি রুদ্র ,বলার সুযোগটা পেলাম কোথায়?

__হুম , তুমি তো মহা ব্যাস্ত মানুষ।

_আমি তোমাকে অনেক আগেই থেকেই ভালবাসতাম রুদ্র কিন্তু বলতে সাহস পায়নি।

__তুমি এত ভীতু আগে জানতাম না তো।

__রুদ্র ভালো হচ্ছে না কিন্তু।

__আরে পাগলী ! নিজের মনের মানুষ কে নিজের মনের কথা বলতে কেউ ভয় পায়? আমি তো তোমার চির সাথী। আমার জীবন সাথী তুমি ।

সমাপ্ত

পিতৃতুল্য শিক্ষক ও সন্তানতুল্য ছাত্রী"

আমাদের গ্রামে একটি ছোট্ট বিদ্যালয় আছে,সেই বিদ্যালয় অষ্টম শ্রেণী পর্যন্ত সীমাবদ্ধ। এই বিদ্যালয়ের নতুন শিক্ষক মহাশয় সূর্যকান্ত মজুমদার।

প্রথম দিন পঞ্চম শ্রেণী কক্ষে ক্লাস রুমে প্রবেশ করে বললেন"আই লাভ ইউ অল" সকলকে কথাটা বললেন ঠিকই কিন্তু তখনও তিনি সকলকে সমানভাবে ভালোবাসতে পারেননি । কেবল মাত্র যে সমস্ত ছাত্র ছাত্রী পড়াশুনায় খুব ভালো ছিলেন তাদেরই তিনি ভালোবাসতেন।

ক্লাস করানোর সময় তিনি লক্ষ্য করলেন শেষ বেঞ্চে বসে একটি মেয়ে অঝোরে চোখের জল ফেলে চলেছে জানালার দিকে তাকিয়ে, পড়াশুনার প্রতি তার কোনো মন নেই। তার নাম রুপা গঙ্গোপাধ্যায়। মাস্টার মহাশয় তাকে একটি প্রশ্ন জিজ্ঞাসা করেন,অন্যমনস্ক থাকায় প্রথমে শুনতে পারে না রুপা,একটু পরে মাস্টার মহাশয়ের তীব্র ধমক শুনে রুপা বুঝতে পারলো ,মাস্টার মহাশয় তাকে কিছু জিজ্ঞাসা করেছেন , কিন্তু কি জিজ্ঞাসা করেছেন তা বুঝতে পারেনি।

কম্পিত কন্ঠে রুপা বললো" ক্ষমা করবেন স্যার,আমি উত্তর দিতে পারবো না।"

সূর্যকান্ত বাবু রুপার প্রতি তীব্র তিরস্কার করে, শ্রেণী কক্ষ থেকে বেরিয়ে আসেন। শিক্ষক বেরিয়ে আসার পর রুপার প্রতি অট্টহাসিতে ,বিদ্রুপ করে তার সকল সহপাঠী। এই ভাবেই মাসের পর মাস পেরিয়ে বার্ষিক পরীক্ষা চলে এলো। কিন্তু শিক্ষক মহাশয় রুপার মধ্যে কোনো পরিবর্তন লক্ষ্য করতে পারলেন না। তিনি মনে মনে ভাবতে থাকেন এই ছাত্রীর দ্বারা পড়াশুনা হবে না।

হেড মাস্টার মহাশয়ের কক্ষে গিয়ে বললেন

" _পঞ্চম শ্রেণীর ছাত্রী রুপা গঙ্গোপাধ্যায় কি করে পঞ্চম শ্রেণীতে আছে?আজ পর্যন্ত একটি প্রশ্নের উত্তর দিতে পারেনি। এই বছর নিশ্চই পরীক্ষায় সাফল্য অর্জন করতে ব্যার্থ হবে।

হেড মাস্টার বললেন " _রুপা গঙ্গোপাধ্যায় গত প্রত্যেকটি শ্রেণীতে পরীক্ষায় প্রথম স্থান অর্জন করেছে কেবল মাত্র চতুর্থ শ্রেণী তে তৃতীয় স্থান অধিকার করে। দেড় বছর আগে রুপার বাবা একটি ট্রেন দুর্ঘটনাতে প্রাণ ত্যাগ করেন। রুপার মা হৃদরোগে আক্রান্ত। মানসিক টানাপোড়নে ফলে তার আজ এই পরিস্থিতি। প্রতিবেশী একটি বাড়িতে কাজ করে রুপা,দুবেলা দুমুঠো ভাতের জন্য। সারারাত মায়ের পাশে বসে অঝোরে চোখের জল ফেলে। তাই তার চেহারায় এত পরিবর্তন।"

এই সব কিছু শুনে সূর্যকান্ত বাবু চোখের জল মুছতে মুছতে বেরিয়ে গেলেন।

গ্রামে খোঁজ করে রুপাদের বাড়ি যান। গিয়ে দেখেন রুপার মায়ের মাথায় হাত বুলিয়ে রুপা বলছে_"চিন্তা করো না মা, আমি তোমার কিছু হতে দিবো না"।

আচমকা শিক্ষক মহাশয়কে দেখে ভয় পেয়ে মাকে জড়িয়ে ধরে রুপা ।শিক্ষক মহাশয় দুহাত বাড়িয়ে বললেন_"রুপা মা,আমার কাছে এসো"

রুপা এগিয়ে গেলে শিক্ষক মহাশয় তাকে জিজ্ঞাসা করেন_"মা সুস্থ হলে তুমি পড়াশুনায় মন দিবে তো"?

রুপা মাথা দুলিয়ে সন্মতি দিলে, সূর্যকান্ত বাবু নিজের খরচে রুপার মাকে কলকাতার একটি চিকিৎসা কেন্দ্রে নিয়ে যাওয়ার পর সঠিক চিকিৎসায় এক সপ্তাহের মধ্যে রুপার মা সম্পূর্ণ সুস্থ হয়ে বাড়ি ফিরে আসেন। রুপা খুবই খুশি হয়ে পড়াশুনায় মন দেন। কিন্তু পরীক্ষার তো আর মাত্র হাতে গোনা তিন দিন বাকি এর মধ্যে রুপা কি পারবে তার পড়া কমপ্লিট করতে?

সূর্যকান্ত বাবু সেই গ্রামেই একটি বাড়ি ভাড়া নিয়ে সেখানে থেকে রুপাকে সারাদিন পড়াশুনা বুঝিয়ে দিতেন।

পরীক্ষার পর একমাস পেরিয়ে গেছে আজ ফলাফল ঘোষণা , রুপা পঞ্চম স্থান অধিকার করে।

তারপর , সময় পেরিয়ে গেছে, রুপা সপ্তম শ্রেণীতে পড়াশুনা করছে । সূর্যকান্ত বাবু রুপার মাকে একটি কাজ খুঁজে দিয়েছেন। এতে তাদের সংসার চলছে এবং রুপার

পড়াশুনার খরচ সবই ভালোভাবেই চলছে।

রূপার মা শিক্ষক মহাশয়কে বললেন

"_আপনি না থাকলে আজ আপনাদের পরিবার টা জলে ভেসে যেতো। আপনার ঋণ আমরা কোনোদিন শোধ করতে পারবো না। আপনাকে ধন্যবাদ জানানোর কোনো ভাষা খুঁজে পাচ্ছি না।"

সূর্যকান্ত বাবু বললেন "_এটা আমার কর্তব্য,এতে ধন্যবাদ দেওয়ার কিছু নেই। তাছাড়া রূপা আমার সন্তানের মতো।ওর জন্য এইটুকু তো বাবা হিসেবে আমার কর্তব্য।"

সূর্যকান্ত বাবুকে ট্রান্সফার করে দেওয়া হয় কলকাতার একটি বিদ্যালয়ে । তাই আজকেই উনাকে এই বিদ্যালয় ছেড়ে চলে যেতে হবে।আজ তারই বিদায়ের আয়োজন করেছেন সমস্ত ছাত্র ছাত্রীরা।প্রত্যেকেই শিক্ষক মহাশয়কে অনেক দামী উপহার দিচ্ছে। সেই উপহারের ভিড়ে একটি পুরনো কাঠের বক্স দেখে কিছু ছাত্র ছাত্রীরা হাসাহাসি করছে। শিক্ষক মহাশয় বক্সটি খুলে দেখতে পেলেন একটি বহু পুরনো হাত ঘড়ি । শিক্ষক মহাশয় বুঝতে পারেন এটি রূপার দেওয়া উপহার,তিনি রূপাকে মঞ্চে ডেকে বললেন

_ " মা রূপা তোমার দেওয়া উপহার আমার খুবই পছন্দ হয়েছে ।তুমি এই হাত ঘড়িটি নিজের হাতে আমার হাতে পরিয়ে দাও"।

রূপা চোখের জল আটকে রাখতে না পেরে কান্না করে শিক্ষক মহাশয়কে জড়িয়ে ধরে। এই পুরনো হাত ঘড়িটি তার বাবার এক মাত্র স্মৃতি ছিলো। রূপা বললো

_"আমি জীবনে অনেক শিক্ষক দেখেছি ,কিন্তু আপনার মত কেউকে দেখিনি। আপনি শুধু কেবল একজন শিক্ষক নন আপনি আপনার বাবার মতোই আমাকে আগলে রেখেছেন । আমি আপনাকে কোনোদিন ভুলবো না, ভুলবো না আমার জীবনে আপনার অবদান।"

সময় পেরিয়ে গেছে অনেক, সূর্যকান্ত বাবু আজ অবসরপ্রাপ্ত শিক্ষক। অন্য দিকে বর্তমানে রূপা একটি কলেজের অধ্যাপিকা হিসেবে কাজ করছেন।

সূর্যকান্ত বাবুর কাছে একটি চিঠি আসে,তাতে লেখা আছে।

প্রিয় শিক্ষক মহাশয়,

আমি রূপা ,আগামীকাল আমার বিবাহ।আপনাকে ছাড়া আমার বিবাহ অসম্পূর্ণ থেকে যাবে ।আপনার উপস্থিতি একান্ত কাম্য।

চিঠি পড়ে শিক্ষক মহাশয়ের চোখে জল চলে এলো। বিবাহ আসরে সকলেই উপস্থিত কিন্তু বিবাহ শুরু হয়নি। কারণ কেউ একজন অনুপস্থিত। গেটের সামনে শিক্ষক মহাশয়কে দেখে ছুটে গিয়ে প্রণাম করলেন রূপা।

রূপা বললো

_"আপনার অনেকেই বলেছিলেন আমার বাবা নেই , কন্যা সম্প্রদানকে করবে?আমি কোনো উত্তর দেইনি। আজ বলছি ইনি আমার প্রিয় শিক্ষক উনাকে আমি

বাবা - ই মনে করি তাই উনি কন্যা সম্প্রদান করবেন।"

আনন্দে সূর্যকান্ত বাবুর চোখে জল চলে এলো। শিক্ষক মহাশয় রুপার বিয়ের সম্প্রদান করলেন। যথা সময়ে রুপার বিয়ে সম্পর্ন হলো। সূর্যকান্ত বাবুর কোনো মেয়ে ছিলো না কিন্তু রুপা আজ উনার মেয়ের অভাব পূরণ করলো।

সূর্যকান্ত বাবু নিজের বাড়ি ফিরে এসেছেন।তবে সেই বাড়ি আজকাল বড়ই প্রাণ শূন্য।সূর্যকান্ত বাবুর তিন ছেলে ,প্রত্যেকেই বিদেশে পড়াশুনা করে সেখানেই চাকরি করছেন। এমনকি সেখানেই তারা বিবাহ করেছেন। গত বছর সূর্যকান্ত বাবুর স্ত্রী মারা যান। এত বড়ো বাড়িতে তিনি একাই থাকেন। ছেলেদের বলেছিলেন উনাকে নিয়ে তাদের কাছে রাখতে কিন্তু পুত্রবধূগণ সরাসরি জানিয়ে দেন। তারা কোনো বৃদ্ধ লোকের সেবা যত্ন করতে পারবেন না। ছেলেরা তার বাবাকে ফোন করে বললেন_" বাবা দেশের বাড়ি বিক্রি করে আমাদের সম্পত্তি এবং প্রাপ্ত টাকা আমাদের ব্যাংক অ্যাকাউন্ট এ পাঠিয়ে দাও"।

সূর্যকান্ত বাবু অঝোরে চোখের জল ফেলে চলেছেন। এমন সময় উকিল বাবু এসে জানায় তাদের ছেলে তাকে পাঠিয়েছে। সূর্যকান্ত বাবু সব বুঝতে পেরে সমস্ত সম্পত্তি তাদের নামে লিখে দিয়ে বাড়ি ছেড়ে বেরিয়ে যান বৃদ্ধাশ্রমের উদ্দেশ্যে। আজকাল তিনি সেখানেই থাকেন। কিন্তু বেশ কিছুদিন পর সেই আশ্রমের জমি সংক্রান্ত বিবাদ শুরু হওয়ায় প্রত্যেককে আজ পথে বসে ভিক্ষা করতে হচ্ছে।

এমন সময় একটি গাড়ি এসে দাড়ালেন সূর্যকান্ত বাবুর সামনে।

"_এসব কি করে হলো? আপনি ভিক্ষা কেনো করছেন বাবা?_

রুপার মুখে বাবা ডাক শুনে কান্নায় ভেঙে পড়ে সূর্যকান্ত বাবু। তিনি রুপাকে সব খুলে বলেন।

সব শুনে রুপা বললেন_"বাবা, আজ থেকে আপনি আমার সাথে আমার বাড়িতে থাকবেন। ভগবান যা করেন ভালোর জন্যই করেন। আপনি এইভাবে কান্না করবেন না,আপনার চোখে জল মানায় না।"

সূর্য কান্ত বাবু বললেন_"রুপা মা, তা হয় না রে, আমি কিছুকাল বৃদ্ধাশ্রমে ছিলাম,এই যে আমার পাশে যাদের দেখছিস ওদের সাথে আমার আত্মার সম্পর্ক তৈরি হয়েছে,ওদের ছেড়ে আমি যেতে পারবো না মা,"।

_"আপনারা তো কেবল মাত্র পঞ্চাশ জন আছেন। আপনাকে একা যেতে হবে না ,আপনারা প্রত্যেকেই চলুন আমার সাথে।"

এই বলে উনাদের কে নিয়ে রুপা নিজের বাড়ি যায়।রুপার বাড়ি পাঁচ তলা। তাই উনাদের থাকতে কোনো রকম অসুবিধে হয় না।

বেশ কিছু দিন পর সূর্যকান্ত বাবু রুপাকে ডেকে বললেন

_"দেখ মা আমাদের তো আর এইভাবে বসে থাকতে ভালো লাগে না,দেখ না যদি একটা কাজের ব্যাবস্থা করতে পারিস"।

রুপা বললো

_" আমি একটি কাজে যাচ্ছি ফিরে এসে কথা বলবো এই ব্যাপারে"।

বিকেল বেলা রুপা বাড়ি ফিরলো তার সঙ্গে এলো প্রায় চল্লিশ জন অনাথ ছেলে মেয়ে,তাদের প্রত্যেকের বয়স দশ থেকে কুড়ি বছরের মধ্যে।

রুপা সূর্যকান্ত বাবুকে প্রণাম করে বললেন

_"বাবা আপনি কাজের কথা বলছিলেন ,তাই আমি এদের নিয়ে এলাম,আপনারা এদেরকে নতুন শিক্ষায় শিক্ষিত করে ভালো মানুষ তৈরি করবেন। আর ওদের সঙ্গে থাকলে আপনাদের নাতি নাতনীদের অভাব অনুভব হবে না।"

সূর্যকান্ত বাবু রুপাকে বুকে জড়িয়ে ধরে বললেন _"সত্যি রুপা মা,তুই আমার সন্তান।"

সমাপ্ত

" প্রথম প্রতিশ্রুতি "

আনন্দিত মনে ঘুমাচ্ছিলো উপমা ,মা ডাকাডাকি করে ঘুম ভাঙিয়ে দিলো,খুব রাগে মাথা গজগজ করতে করতে উপমা বললো_

_ আমার কাঁচা ঘুম ভাঙিয়ে দিলে কেনো?

_ আমি এসেছি রে উপমা, তাই তোর মা তোর ঘুম ভাঙিয়ে দিলো।

_ ওমা একি রিয়া তুই? আগে আমাকে ডাকিসনি কেনো?

_ তুই তো কুম্ভকর্ণের মতো নাক ডেকে ঘুমাচ্ছিলি।

_ দেখ খুব খারাপ হচ্ছে কিন্তু ,আমি মোটেও নাক ডাকি না।

_ আচ্ছা বেশ

রিয়া তার সাইড ব্যাগ থেকে একটি বিয়ের কার্ড বের করে উপমার হাতে দিলো,

_ কি ব্যাপার? কার বিয়ে?

_ আমার(রিয়ার লাজুক মুখটা দেখতে তখন বেশ লাগছিলো)

_তোর বিয়েতে আমি কব্জি ডুবিয়ে খাবো।

_ আগে তুই আমাকে বিয়ের সাজে সাজিয়ে দিবি তার পর খাবি,

_আচ্ছা ঠিক আছে। কি আর করা যাবে।

_ হুম

_ আচ্ছা খাবারে কি কি মেনু থাকছে?আমার কিন্তু মালাইকারি আর সিঙ্গারা চাই চাই।

_আচ্ছা ঠিক আছে। তোর জন্য স্পেশাল ব্যাবস্থা করে রাখবো।

_ তো আমাদের উনি টা কে শুনি?

_ কেনো তুই জানিস না? সে তো তোর বেস্ট ফ্রেন্ড আকাশ।

এটা শোনার পর উপমার মুখটা কেমন যেনো ফ্যাকাসে হয়ে গেলো।

_সত্যি বলছিস? নাকি আগের বারের মতো মজা করছিস?

_বিশ্বাস না হলে কার্ডটা দেখ। আচ্ছা আকাশ তো তোর বেস্ট ফ্রেন্ড ও তোকে আমার আর ওর ব্যাপারে কিছু বলেনি?

_(প্রচণ্ড রাগে উপমা বললো) বলেছিলো মনে হয় ভুলে গেছি,সারাদিন এত ঘুমানোর পর কিছু মনে থাকে নাকি?

_একদম, এইবার একটু ঘুমটা কমা,কিছু দিনপর তোকেও তো শশুরবাড়ি যেতে হবে। এত ঘুমালে চলবে?

_হুম (আনমনে বললো উপমা)

_আমি তাহলে আসি?

_এত তাড়াতাড়ি এইতো মাত্র আসছিস।

_জানিস এইতো কাল বাদে পরশু বিয়ে,বাড়িতে কত কাজ, এইসময় কি বাড়ির বাইরে থাকাটা মানায়?

_আচ্ছা,ঠিক আছে।

_তুই কিন্তু কালকেই যাবি আমার বাড়ি

_হুম

তারপর উপমা সোজা চললো আকাশের বাড়ি

_ তুই আমাকে লাঠি দিয়ে এভাবে মারছিস কেনো? কি করেছি বলবি তো?

_ আজকে আমি তোকে মেরেই ফেলবো

_ আচ্ছা একটু অপেক্ষা কর, আমি বন্দুক নিয়ে আসি ,একেবারে মেরে ফেলিস কিন্তু এভাবে আর মারিস না প্লিজ

_ কালকে তোর বিয়ে?

_ হুম(মাথা নিচু করে উত্তর দিলো আকাশ)।

দুজনেই কেমন চুপ চাপ হয়ে গেলো।

অন্য দিকে মুখ ঘুরিয়ে উপমা বললো

_আমি তো জানতাম আমি তোর প্রিয় বন্ধু,তোর সুখ দুঃখ হাসি কান্না সবটা সবার আগে আমাকেই বলবি ,এটাই আশা করে ছিলাম। কিন্তু বুঝতে পারিনি যে আমি কবে তোর এত পর হয়ে গেলাম? তোর বিয়ের খবরটাও অন্য কারোর কাছে জনাতে হবে ভাবিনি । ভালো থাকিস ।

বাড়ি চলে এলো উপমা ,সন্ধ্যে নেমে এলো

মা বললো_

_কালকে রিয়াদের বাড়ি কখন যাবি?

_দেখি

রাত্রিতে আর ঘুম এলো না।

দেখতে দেখতে বিয়ের দিন চলে এলো,আর উপমাকে রিয়াকে সাজানোর জন্য চলে যেতে হলো তাদের বাড়ি।

বেস্ট ফ্রেন্ডের বউ বলে কথা খুব ভালো করে সাজিয়ে দিলো উপমা ।

ঠিক তখনি দরজায় কেউ নক করলো উপমা দরজাটা খুলে অবাক চোখে তাকিয়ে আছে,

_ আমাকে কেমন মানিয়েছে রে বর সাজে?

_ বেশ ভালো

Best friend is best friend

_আমি জানতাম আমাকে খারাপ লাগলেও তুই ভালই বলবি,কারণ, (আকাশ আর কিছু বলতে পারলো না)

চারটি চোখে জল ছলছল করছে!কিন্তু সবাই নিরুপায়। পরিস্থিতির কাছে মাঝে মাঝে ভালোবাসাও হার মেনে নেয়। এতেই হয়তো সবার মঙ্গল হয় ।

রিয়া_ কি ব্যাপার আকাশ ? শুভ দৃষ্টির আগে তো আমাদের একে অন্যের মুখ দেখতে নেই। তুমি কেনো এই সময় এই রুমে আসলে ?

উপমা - আকাশ ভুলেই গিয়েছিলো, যে এই রুমে ওর বেস্ট ফ্রেন্ড বাদেও ওর হবু বউ আছে। তাই না রে আকাশ?

_ না না আসলো এইদিকে যাচ্ছিলাম,হটাৎ উপমার গলার আওয়াজ পেলাম তাই ভাবলাম একটু কথা বলে আসি।

_ওহ আচ্ছা এখন যাও তবে, তোমাকে কেউ দেখে নিলে লোকে হাসবে সবাই বলবে বিয়ের আগেই বউ পাগল ছেলে।

_হুম এলাম রে উপমা।

_হুম

উপমা অন্য দিকে তাকিয়ে আকাশকে বিদায় জানালো।

_আচ্ছা ব্যাপারটা কি বলত? তোকে কেমন আনমনা লাগছে? কিছু সমস্যা ?

_না রে রিয়া , আমার আবার কি সমস্যা হবে?

_তাহলে কি ভাবছিস?

_ ভাবছিলাম কখন ফটোগ্রাফার আসবে, আর কখন তোর সঙ্গে ফটো উঠবো?

_সত্যি ! উপমা তোর ফটো উঠার শখটা আজও আছে।

_হুম

_কিন্তু তুই যে বললি ফটো উঠবি , তুই তো একটুও সাজিস নাই। আয় আজ আমি তোকে সাজিয়ে দেই।

_আরে না না তোর বিয়ে তুই কেনো সাজাবি?আমি নিজেই সেজে নিবো।

_চুপ করে বস। আমি সাজিয়ে দিবো।

_আচ্ছা কি আর করা যাবে। দেখিস এত বেশি সাজিয়ে দিস না যেনো তোর বর তোকে না দেখে আমার দিকেই তাকিয়ে থাকে।

_খুব পাজি হইছিস তুই।

_না না পাজি না , তুই তো আমার থেকে ভালোই সাজাইস,তাই বললাম।

_হুম

বিয়ে শুরু হলো, রিয়াকে মণ্ডপে নিয়ে এলো।

উপমা যেতে চায়নি মণ্ডপে ,তাই বললো - খুব ঘুম পাচ্ছে,রিয়ার মা উপমার কোনো কথাই শুনলো না,মণ্ডপে নিয়ে গেলো। বিয়ে সম্পূর্ণ হলো। নিজের ভালোবাসার মানুষটাকে চোখের সামনে অন্যের হয়ে যেতে দেখলো উপমা।

_তুমি বর পক্ষ না কনে পক্ষ?

বিয়ে বাড়ির লোকেদের এই রকম প্রশ্নের মুখে পড়তে হবে উপমা কোনোদিন ভাবেনি। উপমা যখন কিছু বলতে যাবে ,ঠিক সেই সময় আকাশ বললো _

_ও দুই পক্ষেরই ।

_ আকাশ তুই?

_হুম এত কিসের সংকোচ তোর? তুই রিয়ার বান্ধবী আর আমার বেস্ট ফ্রেন্ড। এই কথাটা জোর গলায় বলতে পারছিস না কেনো?

_কি করে বলবো বল?

_থাক আমি জানি আর কিছু বলতে হবে না।

_মাসিমা আমি তাহলে আসি? বিয়ে তো শেষ।

_ওমা তুই যে বললি ঘুম পাচ্ছে। আজকে থেকেই যা ঘুমিয়ে যা। ঘুম চোখে এত দুর একাএকা যেতে হবে না।

_ঘুম? মানেটা কি উপমা? তুই ঘুমিয়ে পড়লে আমাদের বাসর জাগবে কে? আকাশ তুমি কিছু বলো প্লিজ । তোমার কথা উপমা ফেলতে পারবে না।

_ পরশু দিন থেকে সারাদিন রাত ঘুমাবি, চল আমাদের সাথে আমাদের বাসর ঘরে।

_ উপমা , একটা গান কর না প্লিজ।

_ তুই তো জানিস এই আমি গান পারিনা,তোর বরকে বল গান গাইতে।

_আকাশ, এত দিন তো অনেক আবদার করেছি গান করলি না। আজকে তোর বউ আবদার করছে প্লিজ একটা গান কর।

"রাধা তুমি সবেতেই আছো
শুধু ভাগ্যে নেই আমার,
শ্যামের বাঁশি রাতের কালোয়
তাই হল উজাড়।
আমি অকারনে তোমার খোঁজে

জ্বলে পুড়ে যাই,
ভালোবাসার ব্যাকরণে কারনের নেই ঠাঁই।
কালোর মনের সুরে কলঙ্কিনী
বিনোদিনী রাই,
প্রেমের স্রোতে একলা ভেসে
এবার তবে যাই।"

_বাহ আকাশ, দারুন দারুন,কিন্তু আমাদের বাসরে এই গানটা বেমানান।

এই গান ,আকাশ কেনো গাইলো, সেটা কেবলমাত্র বুঝতে পারে উপমা।

_উপমা, তুই একটা গান কর।

_আমি পারিনা রে, আমি পারবো না রে ,খুব ঘুম পাচ্ছে রে ক্লান্ত লাগছে।

_ঠিক আছে ঘরে গিয়ে বিশ্রাম কর ।

পরের দিন সকাল বেলা থেকে উপমাকে খুঁজে পেলো না কেউ। বৌভাতের অনুষ্ঠান হলো কিন্তু উপমা কোথাও নেই। আকাশ অনেক খোজ খবর করে জানতে পারলো আজ রাত বারোটার ফ্লাইটে দিল্লি চলে যাচ্ছে উপমা। তখন ঘড়িতে প্রায় বারোটা বাজতে চললো। আকাশ চাইলেও উপমাকে ফিরিয়ে আনতে পারবে না। তাই ক্লান্ত মনে উপমার প্রতি অভিমানে ভারাকান্ত মনে বসে আছে। রিয়া টিভিতে নিউজ দেখছিলো হটাৎ করে দেখলো টিভিতে উপমাকে দেখাচ্ছে , আকাশ ছুটে গিয়ে খবরটা দেখলো

- ব্রেকিং নিউজ আজ রাত বারোটার ফ্লাইট দুঘটনায় মৃত এক! আহত পনেরো জন ,মৃতের নাম উপমা রায়। উপমার মৃত দেহের ছবি ফুটে উটেছে টেলিভিশনের পর্দায় ।

রিয়া ও আকাশ দুজনেই হতবাক। দুজনের চোখ দিয়েই জল গড়িয়ে পড়ছে।

_আমি বলেছিলাম পরশু দিন থেকে সারারাত দিন ঘুমাবি, কিন্তু এটা এইভাবে সত্যি হবে আমি কল্পনাতেও ভাবিনি উপমা।

We will miss you everytime

আকাশ মনে মনে বললো _ আমি তোকে প্রথম প্রতিশ্রুতি দিয়েছিলাম সারাজীবন তোর পাশে থাকবো। কিন্তু আমি আমার প্রতিশ্রুতি রাখতে পারলাম না। আমার ক্ষমা করিস উপমা। যেখানেই থাকিস খুব ভালো থাকিস।

সমাপ্ত

"কোয়েলের কোকিল কন্ঠ"

আজ কোয়েলের জন্ম দিন,কোয়েলের জীবনের সেরা উপহার আজ তার বাবা তার হাতে তুলে দিলো। কোয়েলের ইচ্ছে ছিলো তার ২১ তম জন্ম দিনে সে যেনো দেবাশীষ এর সঙ্গে এক সঙ্গে কেক কাটতে পারে। আজ তার সেই ইচ্ছেটাই পূরণ হলো।

গত তিন বছর থেকে দেবাশীষ ও কোয়েল একে অপরকে খুব ভালোবাসে। দুজন দুজনকে চোখে হারায়। কোয়েলের বাবা তার বান্ধবী প্রিয়ঙ্কার কাছ থেকে সবটাই

জানতে পারে ।যদিও প্রিয়ঙ্কা কিছু বলতে চায়নি তবু ও বাধ্য হয় বলতে। প্রিয়ঙ্কা কান্না করছে আর মনে মনে ভাবছে_

_কে জানে ভগবান আজ কি লিখেছে কোয়েলের কপালে? আজ ওর ২১ তম জন্ম দিন আর আজ আমার জন্য না জানি ওকে কত কষ্ট পেতে হবে।

কিন্তু জন্ম দিনের উৎসবে গিয়ে প্রিয়ঙ্কা একদম অবাক হয়ে যায় , সকলেরই মুখে হাসি, সকলেই খুব অনন্দিত।

_কি রে প্রিয়ঙ্কা আজ তোর আসতে এত দেরি কেনো হলো রে?

_আসলে

প্রিয়ঙ্কা কিছু বলতে চাইলে তাকে কিছু বলতে দেয়নি কোয়েলের দাদা।

জন্ম দিনের উৎসব শুরু হলো সকলেই উপস্থিত হলো ,দেবাশীষকে আসতে বলতে পারেনি বলে মন খারাপ ছিলো কোয়েলের কিন্তু সেখানে দেবাশীষকে উপস্থিত থাকতে দেখে অবাক হলো,কোয়েল ও প্রিয়ঙ্কা।

কোয়েলের বাবা একজন ব্যবসায়ী ,তার টাকা পয়সার কোনো অভাব ছিলো না। খুব রাগী মানুষ ছিলেন তিনি, গ্রামের সকলেই থাকে ভয় পেতেন।

জন্ম দিনের উপহার দেবার পালা শুরু হলো। একে একে সবাই উপহার দিচ্ছে। কোয়েল অবাক হয়ে দেবাশীষ এর দিকে তাকিয়ে ভাবছে_

_ও কে তো আমি আসতে বলিনি, তবে ও এইসময় আমার জন্মদিনের উৎসবে কেনো এলো?

এত লোক, আত্মীয় স্বজনের ভিড়ে দেবাশীষ এর সামনে গিয়ে ওর সাথে কথা বলার সাহস পাচ্ছে না কোয়েল।

হটাৎ কোয়েলের বাবার কন্ঠ_ দেবাশীষ তুমি কিছু উপহার দেবে না?

দেবাশীষ বললো__আপনি অনুমতি দিলে তবে তো দেবো।

_আচ্ছা বাবা আমি অনুমতি দিলাম।

দেবাশীষ আস্তে আস্তে এগিয়ে যাচ্ছে কোয়েলের দিকে, কোয়েলের হাত পা কাপছে ,কোয়েল ভাবছে আজ বুঝি সব শেষ হয়ে যাবে।

কোয়েলের সামনে গিয়ে দেবাশীষ কোয়েল এর হাতটা ধরে , কোয়েলকে একটি আংটি পড়িয়ে বলে,

_আমি তোমাকে খুব ভালোবাসি কোয়েল,আমি তোমাকে বিয়ে করতে চাই,তুমি কি আমাকে বিয়ে করতে রাজি?

_কোয়েলের গলা শুকিয়ে কাঠ হয়ে যাচ্ছে।সে একপলক তার বাবার দিকে তাকিয়ে আছে।দেখছে তার বাবা চুপ চাপ,পাশে দাদাও দাড়িয়ে আছে, কারোর চোখে মুখে কোনো রাগের ছাপ নেই।

কোয়েল দৌড়ে গিয়ে তার বাবাকে জড়িয়ে ধরে কান্না করছে।

কোয়েলের বাবা বললো_ মা আজকের দিনে কেউ কান্না করে না। আজ তো তোর জীবনের খুব খুশির দিন।

কোয়েল কিছুই বুঝতে পারছে না।

_এবার তো আমার তোকে উপহার দিতে হবে। তুই কি চাইস বল আমায়। আজ আমি কথা দিলাম তুই যা চাইবি আমি তোকে তাই দিবো।

কোয়েল দেবাশীষের দিকে একবার তাকিয়ে দেখলো সে হাসছে।

_বাবা ,আমার কিচ্ছু চাই না।

_কিন্তু মা , আজ তো সবাই তোকে উপহার দিলো আমি যদি না দেই তবে সেটা ভালো দেখায় না।

_তুই চোখ বন্ধ কর।

কোয়েল চোখ বন্ধ করলো। তার বাবা দেবাশীষের হাত ধরে তাকে কোয়েলের সামনে এনে কোয়েল আর দেবাশীষের চার হাত এক করে দিয়ে বললো,

_আমি আজ তোদের চার হাত এক করলাম।

কোয়েলের চোখ বন্ধ ছিলো ,সে বুঝতে পারে না এটা কার হাত। সে ভাবলো সব শেষ , তার চোখে জল চলে এলো।

_কি রে মা,চোখে জল কেনো? চোখের খুলে দেখ আমি কাকে তোর জীবনের হাসি কান্নার দায়িত্ব দিলাম।

কোয়েল চোখ খোলার সাহস পাচ্ছে না।

প্রিয়ঙ্কা অবাক হয়ে সাহস নিয়ে এগিয়ে এসে বললো

_চোখ খোল কোয়েল , আজ তোর জীবনের খুবই আনন্দের দিন।

প্রিয়ঙ্কার কথায় ভরসা পেয়ে কোয়েল চোখ খুলে দেখলো দেবাশীষের হাত তার হাতের উপর।

কোয়েল কিছু বলতে গেলে,তার বাবা তাকে কিছু বলতে দিলো না।

প্রিয়ঙ্কা আর কৌতূহল চেপে রাখতে না পেরে দেবাশীষকে জিজ্ঞাসা করলো_তোমাকে আজ এই উৎসবে আসতে কে বলেছে?

_কাকু, মানে কোয়েলের বাবা,আজ আমার বাড়ি গিয়ে ,আমাকে বললো, কোয়েলের সঙ্গে আমার বিয়ে দিতে চান। আমি সঙ্গে সঙ্গে রাজি হয়ে গেলাম, আমার মা আছে কিন্তু বাবা নেই,আজ বাবার ভালোবাসা পেলাম।

প্রিয়ঙ্কা কে কোয়েলের বাবা বললো_

_ কি রে কেমন জব্দ করলাম বল?তুই কি ভেবেছিলি তুই শুধু একাই ওর কষ্ট বুঝিস ? না রে না, আমি ওর বাবা আমিও বুঝি, যে আমার কোয়েলের স্বপ্ন পূরণ করেছে তাকে আমি কি করে ফিরিয়ে দেই বল।

সকলে আজ আনন্দে বিভোর।

আজ থেকে প্রায় পাঁচ বছর আগে কোয়েল স্কুল, কলেজের অনুষ্ঠানে আবৃত্তি প্রতিযোগিতায় প্রথম স্থান অধিকার করতো। কোয়েলের কন্ঠে এক অপূর্ব জাদু ছিলো। আবৃত্তির সূত্রেই কোয়েল ও দেবাশীষের পরিচয়। দেবাশীষ কোয়েলের কলেজের দুই বছরের সিনিয়র।

কোয়েল ছোটো বেলা থেকেই গান,আবৃত্তি করতে ভালো বাসে। তবে তার বাবার ইচ্ছে ছিলো কোয়েল বড়ো হয়ে ডক্টর হবে। কিন্তু কোয়েলের একদম ভালো লাগতো না ,কোয়েল শুধু চায় মন প্রাণ দিয়ে গান ও আবৃত্তি করতে।

আগামী পরশু বিশ্বের সবচেয়ে সব থেকে সুন্দর কন্ঠের অধিকারী ব্যাক্তিকে পুরস্কৃত করা হবে। সেই উপলক্ষে দেশ বিদেশ থেকে মানুষ আসছে তাদের গ্রামে। এই বছর প্রতিযোগিতা টি তাদের গ্রামেই হবে।

দেবাশীষের বাড়ি পাশের গ্রামেই। দেবাশীষ পড়াশুনার পাশাপাশি একটি ছোটো কম্পিউটারের দোকান চালায়।

কোয়েল দেবাশীষকে বলে -" আমার ভীষন ইচ্ছে করছে এই প্রতিযোগিতায় অংশ গ্রহণ করতে, কিন্তু বাবা মনে হয় রাজি হবে না তাই বাবাকে বলার সাহস পাচ্ছিনা। আমার আর ভালো লাগছে না। বাবার ইচ্ছের বিরুদ্ধে গিয়ে প্রয়িগোগিতায় অংশ গ্রহণ করে বাবাকে কষ্ট দিতে চাই না।"

কিন্তু এইভাবে নিজের স্বপ্ন গুলো বিসর্জন দিয়ে কোয়েল একটুও ভালো নেই।

দেবাশীষ কোয়েলের মনের অবস্থা বুঝতে পারে। প্রতিযোগিতার দর্শক আসনে বসে ছিলো কোয়েল হটাৎ দেবাশীষ তাকে ফোন করে

_ তুমি কি আমাকে সত্যি ভালোবাসো ?

_এসব কি বলছো? তুমি জানো না, আমি তোমাকে নিজের থেকেও বেশি ভালোবাসি। _তাহলে আজ তোমার ভালোবাসার প্রমাণ দাও, পারবে প্রমাণ দিতে?

_ আচ্ছা বলো কি প্রমাণ দিতে হবে?

_ এই প্রতিযোগিতায় আমি তোমার নাম দিয়েছি, যদি তুমি আমাকে ভালোবাসো তবে প্লিজ অংশ গ্রহণ করো।

_কিন্তু বাবা

_ আমি জানি তোমার বাবা তোমাকে জয়ী হতে দেখে আর রাগ করে থাকবেন না। কোনো বাবাই তার সন্তানের খারাপ চায় না।

আজ অনুষ্ঠানে প্রায় একশো জন প্রতিযোগী আবৃত্তি ও আশি জন প্রতিযোগী গান প্রতিযোগিতায় অংশগ্রহণ করবে ।

কোয়েলের নাম ঘোষণা হলো। কোয়েল আবৃত্তি ও গান করে।

দর্শক আসনে বসে আছে তার বাবাও ,কোয়েলের গান ও আবৃত্তি শুনে মুগ্ধ হয়ে ভাবছে_ "আজ আমার জন্য এত দিন কোয়েলের কোকিল কন্ঠ প্রতিভা লুকিয়ে ছিলো ,আজ সেটা প্রকাশ হলো, কিন্তু কে কোয়েলকে তার স্বপ্ন পূরণে সাহায্য করলো। যে

দায়িত্ব আমার ছিলো কে সেই দায়িত্ব পালন করলো? কাল থেকে কোয়েল বাড়ির বাইরে বের হয়নি তবে কেউ তাকে সাহার্য্য করেছে নিশ্চিত, কে তার নাম দিলো এই প্রতোগিতায়.?"

অনুষ্ঠান শেষ প্রতিযোগিতার ফলা ফল প্রকাশ হলো,

এইবছর কোকিল কন্ঠ উপাধি পাচ্ছে কোয়েল সরকার।

কোয়েলের আনন্দের সীমা নেই, আজ দেবাশীষ তাকে সাহস না দিলে এই দিন সে দেখতেই পেতো না।

টেলিভিশন থেকে শুরু করে নিউজ পেপার সর্বত্র কোয়েলের ছবি এবং শিরোনামে লেখা 'কোকিল কন্ঠ উপাধি প্রাপক।"

কোয়েল তার বাবাকে বললো_বাবা আমি জানি তুমি রাগ করেছো। তোমার ইচ্ছে ছিলো আমি ডক্টর হই কিন্তু বাবা আমার যে ডক্টরী পড়তে একদম ইচ্ছে করে না। আমি জানি তুমি আমাকে ক্ষমা করতে পারবে না,আমি দুঃখিত বাবা আমি তোমার অনুমতি নিতে পারিনি।

_ না রে মা, আজ আমি খুব খুশি, আজ আমার কোয়েল কত বড় হয়ে গেছে।

তারপর তার বাবা প্রিয়ঙ্কার কাছ থেকে সবটা জেনে আজ তার জন্ম দিনের উপহার হিসেবে দেবাশীষকে তার হাতে তুলে দিলো।

"কোয়েলের কোকিল কন্ঠ" সকলকে মুগ্ধ করলো।

সমাপ্ত

"সুস্মিতার হাতে রং তুলি"

সুস্মিতা দত্ত , আমার খুব ভালো বান্ধবী, কোচবিহার জেলার এক অলি গলি রাস্তার ভিড়ে হারিয়ে যাওয়া কোনো এক গ্রামে তার বাড়ি। ছোটবেলা থেকেই রং তুলি পেলেই তার জীবন ধন্য হয়ে যেতো, অবসর সময় পেলেই রং তুলি হতে বসে পড়ত, আর অঙ্কন করতো দুর্দান্ত সব চিত্র। সুস্মিতার এই বিশেষ প্রতিভা দেখে অনেকেই বলেছিল এই সুস্মিতা একদিন বিশ্বের অন্যতম নাম করা শিল্পী হবে। তখন অবশ্য সবাই মজা করে বলেছিল ,কিন্তু আজ তাই হলো। আজ সুস্মিতা বিশ্বের অন্যতম নাম করা শিল্পী ,শুধু অঙ্কন নয়, বিভিন্ন দেব দেবীদের মূর্তি নির্মাণ ও তাদের সাজ সজ্জা রং তুলির সাহায্যে খুব সুন্দর ভাবে ফুটিয়ে তুলতে পারতো সে। যদিও অঙ্কন বা মূর্তি নির্মাণ, রং করা, এই কাজ গুলো সে কখনো শেখেনি কিন্তু তার মন প্রাণ দিয়ে সে যাই করতো খুব সুন্দর হতো।

প্রায় পনেরো বছর আগে সুস্মিতা ও তার পরিবার ট্রেনে করে ঘুরতে যাচ্ছিলো, হঠাৎ, ট্রেনের ইঞ্জিন দুমড়ে মুচড়ে ভেঙে পাশের নদীতে পরে যায় ট্রেনের তিনটি বগি। সেই বগির মধ্যেই একটি বগিতে ছিল সুস্মিতা ও তার পরিবার।

জলের মধ্যে ভাসতে ভাসতে মাথায় আঘাত প্যাপ্ত সুস্মিতা পৌঁছে গেলো কৃষ্ণ নগর পল্লীতে ,সেখানে এক দম্পতি সুস্মিতাকে ডক্টরের কাছে নিয়ে গেলে জানা যায়, মাথায় আঘাত প্রাপ্ত হওয়ার সুস্মিতার স্মৃতি শক্তি হারিয়ে গেছে। সুস্মিতার হাতে একটি সুস্মিতা লেখা নকশা করা স্টিকার ছিল। তাই সেই দম্পতি অর্থাৎ তার পালিত মা , বাবা তার নাম রাখলেন সুস্মিতা।

অন্য দিকে তার হারিয়ে যাওয়া ,মা, বাবা, তাকে পাগলের মত খুঁজে বেড়াচ্ছে।

অরুণ বাবু অর্থাৎ সুস্মিতার পালিত পিতা ছিলেন সেই এলাকার একজন মৃৎশিল্পী। বাবা বিভিন্ন দেব দেবীদের মূর্তি তৈরি করতেন আর রং তুলি নিয়ে বসে পড়তো সুস্মিতা। সুস্মিতার হাতের কাজ থেকে খুবই খুশি সুস্মিতার পালিত পিতা , মাতা,।

এক মা বাবা হারা সুস্মিতা পেলো নতুন মা বাবা, অন্যদিকে সন্তান হারা মা বাবার কান্নায় বুক ফেটে যাচ্ছে।

এইভাবেই কেটে গেলো দশ বছর। বর্তমানে সুস্মিতার পালিত পিতা খুবই অসুস্থ, তিনি আর কাজ করতে পারছেন না , টাকার অভাবে প্রায় পথে বসতে চলেছে তাদের পরিবার। এমন সময় সুস্মিতা নিজে মূর্তি তৈরি, রং তুলির কাজ, আর্ট শুরু করলো। ধীরে ধীরে সেই এলাকার ও আসে পাশের এলাকার সমস্ত কাজের বায়না আসতো সুস্মিতার কাছে, এইভাবে সুস্মিতা একজন মৃৎ শিল্পী হিসেবে নিজেকে প্রতিষ্ঠা করলো।

কিন্তু সেই কৃষ্ণ নগর গ্রামের আর এক মৃৎ শিল্পী ছিলেন ধীরেন বাবু। সুস্মিতার কাছে সমস্ত কাজের বায়না আসতো বলে তাদের খুব ক্ষতি হতে লাগলো। তাই ধীরেন বাবুর ছেলে অনিমেষ ঠিক করলেন সুস্মিতা কে বিয়ে করবে তাহলে সমস্ত লাভ তাদের হবে। যেই ভাবলো সেই কাজ শুরু , অনিমেষ বিয়ের প্রস্তাব নিয়ে আসলো অরুণ বাবুর কাছে। কিন্তু সুস্মিতা সেই প্রস্তাব অস্বীকার করলো কারণ, সে জানতো অনিমেষ খুবই খারাপ ছেলে, গ্রামের ছোটো বড় সমস্ত মহিলাকেই সে বিরক্ত করতো।

সুস্মিতার প্রত্যাখ্যান মেনে নিতে পারেনি অনিমেষ, এই অপমানের প্রতিশোধ নিতে একটি প্ল্যান করলো। প্ল্যানটি ছিলো , সুস্মিতাকে সারাজীবনের জন্য এই পৃথিবী থেকে সরিয়ে দেওয়া।

অন্যদিকে সংবাদ মাধ্যমে কাজ করতো সেই গ্রামেরই একটি ছেলে, নাম ছিলো তার বিবেক। ছোটো বেলা থেকে একসঙ্গেই বেড়ে উঠেছে সুস্মিতা ও বিবেক।

তবে বর্তমানে বিবেক কলকাতায় থাকে একটি সংবাদ মাধ্যমের টেলিভিশন চ্যানেলে কাজ করে।

বিবেক কিছুদিনের জন্যে ছুটি নিয়ে ঘুরতে আসে তাদের গ্রামে। ছোটো বেলা থেকেই বিবেক ও সুস্মিতার খুব ভালো বন্ধুত্ব ছিলো।

আজ সকাল বেলা সুস্মিতাকে বাড়ি থেকে তুলে নিয়ে যায় অনিমেষ এর লোকেরা। এই খবরটা পাওয়ার সাথে সাথে বিবেক তার কিছু বন্ধু ও পুলিশ নিয়ে পৌঁছে যায় সেখানে ,যেখানে সুস্মিতাকে বন্দী করে রাখে অনিমেষের লোকেরা।

বিবেককে পুলিশ নিয়ে যেতে দেখে পালিয়ে যায় অনিমেষের লোকেরা কিন্তু অনিমেষ পালিয়ে যায়নি । অনিমেষ সুস্মিতার মাথায় আঘাত করে, সুস্মিতা অজ্ঞান হয়ে যায়,অনিমেষ ভাবলো সুস্মিতা মারা গেছে। অনিমেষ কিন্তু পুলিশের হাত থেকে ছাড়া পায়নি। বিবেক অনিমেষকে পুলিশের হাতে তুলে দিয়ে সুস্মিতাকে ডক্টরের কাছে নিয়ে যায় । সুস্মিতার জ্ঞান ফিরে আসে। সুস্মিতা মা বলে চিৎকার করে উঠে । ওর পালিত মা তখন বলে _"এই তো আমি মা"।

সুস্মিতা সবটা বুঝতে পারে, চোখের জল ফেলতে ফেলতে সুস্মিতা বলে- "মা আমি তো আমার জন্ম দাত্রী মাকে হারিয়ে ফেললাম।" সুস্মিতা খুবই অস্থির হলে বিবেক তাকে বলে চিন্তা না করতে তার পাশে একজন সাংবাদিক বন্ধু আছে সে তার হারানো বাবা মাকে খুজে দিবে।

ইতি মধ্যে সুস্মিতার কিডন্যাপ ও তাকে খুনের চেষ্টা করার খবরটা টেলিভিশন চ্যানেলে দেখাতে শুরু করে দিয়েছে। সুস্মিতার জন্মদাত্রী মা বাবা খবরটা দেখে কান্না করতে করতে বলছে

_আমার সুস্মিতা বেঁচে থাকলে আজ কত বড়ো হতো,এই মৃৎ শিল্পীর মতই দেখতে হতো।

_কেটে গেলো আরও একটি বছর,আজ সুস্মিতার জন্ম দিন। খুব বড়ো আয়োজন করার হয়। বিখ্যাত মৃৎশিল্পী বলে কথা আয়োজন তো করতেই হবে।

রাত্রি বারোটা বেজে গেলো কিন্তু বিবেক আসলো না। তাই সুস্মিতার একটু মন খারাপ।

বিবেক গিয়েছে সুস্মিতার পুরনো গ্রামের বাড়িতে সেখানে গিয়ে জানতে পারে সুস্মিতার মা ,বাবা, কন্যা হারানোর শোকে বাড়ি ঘর বিক্রি করে বৃন্দাবনে চলে গেছে। তাই বিবেকও চললো বৃন্দাবনে। বৃন্দাবনে গিয়ে অনেক খুঁজে সে তাদের পেলো। সুস্মিতার মা, বাবা কে সে সবটা বললো প্রথমে বিশ্বাস করলো না তারপর সুস্মিতার হাতে সুস্মিতা লেখা নকশা টা দেখে চিনতে পারে এবং বিবেকের সঙ্গে বেরিয়ে পরে।

এইদিকে রাত্রি তখন 3 টা বাজে। সুস্মিতা তার মা, বাবাকে অনেক খুঁজে ছিলো কিন্তু পায়নি। তার মনে পড়ছে ছোটো বেলার কথা। এমন সময়।

_আমার সুস্মিতা ,

গলাটা খুব চেনা,খুব আপন জনের ,সুস্মিতা পিছন ঘুরে দেখে তার জন্মদাত্রী মা,বাবা,।

সুস্মিতা আনন্দে আত্নহারা হয়ে যায়।

_মা জানো আমি তোমাদের কত খুঁজেছি। কিন্তু পাইনি। কোথায় ছিলে তোমরা ?

আমার তো কিছু মনে ছিলো না মা,আমার স্মৃতি শক্তি হারিয়ে গিয়েছিলো।

_জানি মা,আমি সব জানি।

_কিন্তু তোমরা কিভাবে আজ আমাকে খুঁজে পেলে আর কিভাবে সব জানলে?

_কেনো তোর বন্ধু আমাদের নিয়ে এসেছে,তুই জানিস না?

_বন্ধু মানে কার কথা বলছো?

_ওই যে পিছনে দাড়িয়ে আছে।

_বিবেক

সুস্মিতা দৌড়ে গিয়ে বিবেককে জড়িয়ে ধরে বললো

_ থ্যাংক ইউ বিবেক, তুমি সত্যি আমার খুব ভালো বন্ধু আজ আমার জন্ম দিনে তুমি আমাকে আমার জীবনের সেরা উপহারটা দিয়ে আমাকে খুব খুব খুশি করেছো।

আগামী সপ্তাহে তো তোমার জন্ম দিন। আমার আমার দুই মা আর দুই বাবাকে নিয়ে তোমার জন্ম দিনে খুব খুব মজা করবো।

সুস্মিতা বিবেককে মনে মনে খুব ভালোবাসে কিন্তু আজ বিবেকের জন্য সে তার হারিয়ে যাওয়া সব ফিরে পেলো তাই বিবেকের প্রতি ভালো বাসাটা আরও শত গুণ বেড়ে গেলো।

কিছুদিন পর

আজ বিবেকের জন্ম দিন সুস্মিতা সবাইকে নিয়ে উপস্থিত হলো।

_ সুস্মিতা আমার জন্ম দিনের উপহার কোথায়?

_আমি আসলে ভুলে গিয়েছিলাম। একটু দাড়াও আমি এক্ষুনি গিয়ে নিয়ে আসছি।

_থাক,ভুলে যখন গেছো, তখন শাস্তি পেতে হবে।

_কি শাস্তি?

_আমি যা চাইবো তাই দিতে হবে কিন্তু।

_আচ্ছা চেষ্টা করবো।

জন্ম দিনের কেক কাটা হলো ,সমস্ত অতিথিদের সামনে সুস্মিতার দুই মা বাবাকে সুস্মিতাকে বিয়ে করার প্রস্তাব দিলো বিবেক ,এবং তারা রাজি হলো।

সুস্মিতা সবটাই দুর থেকে শুনে লজ্জায় দূরেই দাড়িয়ে আছে।

বিবেক সুস্মিতার কাছে গিয়ে বললো_

তুমি কি আমায় বিয়ে করতে রাজি আছো?

_হুম।

লজ্জা মাথা মুখে সুস্মিতা সম্মতি দিলো।

সমাপ্ত

"প্রতারক প্রেমিক"

সেই ছোটোবেলা থেকে অগ্নি দিশাকে ভালোবাসতো,তবে প্রথমে দিশা অগ্নিকে পাত্তা দিত না,ধীরে ধীরে অগ্নির প্রতি দিশা দুর্বল হয়ে যায়। অবশেষে একদিন ,দিনটা ছিল এপ্রিল ফুলের ঠিক আগের দিন, দিশা অগ্নিকে বললো _"কালকে তোকে একটা কথা

বলবো,"

কিন্তু অগ্নির ভীষণ জেদ, _" না আজই বলতে হবে"।অবশেষে দিশা তার মনের কথাটা বলেই দিলো। তখন থেকেই শুরু হয় তাদের প্রেম কাহিনি, ।তাদের সম্পর্কটা ছিল পাঁচ বছর,

তবে পাঁচ বছরে ব্রেক আপ হয়ে ছিলো মোটামুটি প্রায় পঞ্চাশ বার। অগ্নিকে বিশ্বাস করে বার বার ঠকে যায় দিশা।কিন্তু বারবার তাকে ক্ষমা করে দেয়। একেই হয়ত বলে ভালোবাসার মানুষের প্রতি অন্ধ বিশ্বাস। একদিন দিশা অগ্নির মোবাইলটা হাতে নিয়ে দেখলো_সোনামনি নামে কোনো একজনের কাছে অগ্নি এসএমএস করেছে "_আমি তোমাকে খুব ভালোবাসি"

অগ্নি তখন নানা অজুহাত দিতে থাকে ,সে বলে তার এক বন্ধু এই এসএমএস করেছে ,সে করেনি। দিশা অগ্নির সব কথা বিশ্বাস করে, কারণ অগ্নির প্রতি ভালোবাসায় অন্ধ হয়ে গিয়েছিলো দিশা, কোনটা ঠিক কোনটা ভুল,কিছুই বুঝতে পারেনি সে। সম্পকটা যখন পাঁচ বছর ছয় মাস পূর্ণ হলো। ঠিক তখন দিশার বয়স ২১ বছর, স্বাভাবিক ভাবেই তার বাড়িতে তার বিয়ের জন্য চাপ সৃষ্টি হলো। অগ্নিকে দিশা সবটাজানালো,অগ্নি বললো _"তুমি বিয়ে করে নাও।"এই বলে ফোনটা কেটে দিলো। তারপর দিশা এসএমএস করা শুরু করলো কিন্তু কোনো উত্তর আসলো না! হটাৎ এসএমএস একটা আসলো_" তুই তো চরিত্র হীন , ফালতু ,কালনাগিনী, তোর মুখ দেখলে আমার দিনটাই খারাপ যায়,আমি কোনোদিনও তোকে বিয়ে করবো না"

দিশার মাথায় আকাশ ভেঙে পড়লো এইদিকে তার গর্ভে অগ্নির সন্তান। যদিও এই খবরটা অগ্নি জানে না।বাড়ি থেকে তার বিয়ে ঠিক হয়ে গেলো।সে কেউকে কিছু বলতে পারলো না কারণ সে তো বিশ্বাস করে ঠকে গেছে!কেউকে কিছু বললেই সবাই তাকেই কলঙ্কিনী বলবে!তাই সে চুপ চাপ বাড়ি থেকে বেরিয়ে গেলো,একটি বিশাল নদীর সামনে এসে থেমে গেলো। দীর্ঘ শ্বাস ফেলে সেই নদীর জলে জাপ দিলো। এই দিকে বাড়ি থেকে তার খোজ শুরু করে দিলো,থানা পুলিশ করা হলো,অবশেষে রাস্তার পাশের সিসিটিভি ফুটেজে দেখা গেলো দিশার নদীতে ঝাঁপ দেওয়ার দৃশ্য। সবাই জানলো দিশা মারা গেছে,এমনকি অগ্নিও জানতে পারলো কিন্তু তাতে তার কি? সে ভাবলো _" বাচা গেলো আপদ বিদায় হলো"।

কিন্তু বিধির কি নিদারুণ পরিহাস, নদীর জলের স্রোতে ভাসতে ভাসতে দিশা পৌঁছে গেলো দূর দেশে।সেখানে মল্লিকা নামে একজন মেয়ে তাকে উদ্ধার করে হাসপাতালে নিয়ে যায়। জ্ঞান ফেরার পর মল্লিকাকে সবটা জানায় দিশা ।তারপর মল্লিকার পরিবারে সে মল্লিকার ছোটো বোনের মতো আদর যত্ন পায়।তার একটি মেয়ে হয়,তার নাম রাখা হয় দুর্গা । মল্লিকা দিশার নামটা বদলে অনামিকা নাম রাখে,দিশা এখন অনামিকা।

পাঁচবছর পর

মল্লিকা তার কর্ম সূত্রে বাইরে থাকতো সেখানে অগ্নির সাথে তার আলাপ হয়,যেহেতু মল্লিকা খুব ধনী পরিবারের সন্তান তাই তাকে বিবাহ প্রস্তাব দেয় অগ্নি, মল্লিকা তাতে রাজি হয়,এবং তাদের বিবাহ হয়।

বিবাহ শেষে মল্লিকা তার স্বামী অগ্নিকে নিয়ে বাড়ি পৌঁছতেই অনামিকা ও দুর্গা ছুটে এসে জড়িয়ে ধরে।

অনামিকাকে দেখে অবাক হয় অগ্নি,মল্লিকার কাছে অনামিকার পরিচয় জানতে চায়। মল্লিকা কিছু বলার আগেই অনামিকা বলে আমি দিদির কাকাত্ব বোন। অগ্নি অবাক হয় এবং ভাবতে থাকে এটা কি করে সম্ভব হুবহু দিশা?কিন্তু দুর্গা কে? অগ্নি জানত না তার সন্তানের ব্যাপারে।

এই দিকে অগ্নিকে দেখার পর ভীষন ভয় পায় অনামিকা, সে কি করবে? কাকে বলবে? বললেই কি মল্লিকা বিশ্বাস করবে তার কথা ?

অনামিকা বহু বার মল্লিকাকে বলতে চায় যে এই সেই অগ্নি কিন্তু বলতে পারেনা।

সেদিন রাতে মল্লিকার এক বান্ধবী খুব অসুস্থ হয়ে পরে তাই মল্লিকা তাকে দেখাশুনা করার জন্য তার বাড়ি যায়। বাইরে প্রচন্ড ঝড়,মল্লিকার মা,বাবা, গভীর ঘুমে আচ্ছন্ন। দুর্গাকে ঘুম পাড়িয়ে অনামিকা ঘরের দরজাটা বন্ধ করতে যাবে,এমন সময় অগ্নি ঘরে ঢুকে দরজা দিয়ে দিলো ।অনামিকা বুঝতে পারে অগ্নি কি চাইছে,সে পিছিয়ে আসে এবং হাতের কাছে একটি ছুরি পায় সেই ছুরি দিয়ে অগ্নিকে খুন করার ভয় দেখিয়ে বলে

_প্রতারক অগ্নি,ভালো চাও তবে চলে চাও

_তুমি তার মানে সত্যি সত্যি দিশা , তুমি তবে বেচেঁ আছো ?

_হ্যাঁ আমি দিশা আমি বেঁচে আছি শুধু তোমাকে শাস্তি দেওয়ার জন্য।

_তোমার চরিত্রের দোষ আছে , তাই আমি তোমার থেকে দূরে চলে যাই , আমার কি দোষ ছিলো? কিসের শাস্তির কথা বলছো তুমি?

_দুর্গার বাবা কে দিশা ?

_নিজের রক্ত কে চিনতে পারলে না অগ্নি?

অগ্নি এখন সবটা বুঝতে পারে, ভয় পেয়ে সেই ঘর থেকে পালিয়ে আসে। অগ্নি ভাবতে লাগলো দিশা বেঁচে থাকলে মল্লিকাকে সব বলে দিবে। তাই দিশা কে সরিরে দিতে হবে,এই ভেবে পাহাড়ে ঘুরতে যাওয়ার প্ল্যান করলো সে। পরের দিন মল্লিকাকে অগ্নি জানালো তার পাহাড়ে ঘুরতে যাওয়ার প্ল্যান।

মল্লিকা এক কথায় রাজি হয়ে যায়,কিন্তু অনামিকা বুঝতে পারে এই ঘুরতে যাওয়ার প্ল্যানের পিছনে অগ্নির কোনো খারাপ উদেশ্য আছে। তাই সে প্রথমে যেতে রাজি হচ্ছিল না,কিন্তু মল্লিকার কাতর অনুরোধে সে রাজি হলো।

ঠিক দুই দিন পর বাড়ির প্রত্যেকে মিলে পাহাড়ের উদ্দেশ্যে রওনা হলো। দিশা সিদ্ধান্ত নিল সে আজ মল্লিকাকে সব বলে দিবে কিন্তু তার আগেই অগ্নির ভাড়া করা গুন্ডা অনামিকাকে পাহাড় থেকে ধাক্কা দিয়ে নিচে ফেলে দিলো। এই দৃশ্য দুর্গা নিজের চোখে

দেখেছে। কিন্তু দুর্গা তখন মাত্র পাঁচ বছরের তাই তার কথাকে এতটা গুরুত্ব দেওয়া হলো না। অগ্নির প্ল্যান মাফিক অনামিকার হাতে একটি কাগজ পাওয়া যায়,তাতে স্পষ্ট লেখা আছে যে অনামিকা আত্মহত্যা করেছে,মল্লিকা কিছুই বুঝতে পারে না। সেও মেনে নিলো এটা আত্মহত্যা।

তারপর কেটে গেলো আঠারোটি বছর । দুর্গার বয়স এখন ২৩ বছর। মা হারা মেয়েকে আদর ভালোবাসা দিয়ে বড় করে তুলে মল্লিকা। মল্লিকাকে দুর্গা " মনি মা "বলেই ডাকে,কিন্তু বর্তমানে দুর্গা তার দিদা দাদু অর্থাৎ মল্লিকার মা বাবার সাথে তাদের বাড়িতে থাকে। ,বৃদ্ধ দিদা দাদুর সেবা করে,অন্যদিকে মল্লিকা খুব সুখেই সংসার করতে থাকে। তার একটি ছেলে হয় ,তার নাম রাখা হলো জয়,জয়ের বয়স্ বর্তমানে ১৪ বছর।

আজ জয় আর মল্লিকা তার নিজের বাড়িতে আসবে,সকলেই খুব আনন্দিত । দুর্গা তাদের জন্য নিজের হাতে রান্না করে রাখে। সন্ধে নেমে এলো খুব বৃষ্টি পড়ছে,দুর্গার তার মায়ের কথা খুব মনে পড়ছে। আগে যে ঘরে সে আর তার মা থাকতো,সেই ঘরে তার মায়ের মৃত্যুর পর আর কেউ যায়নি। আজ দুর্গার খুব ইচ্ছে হলো সেই ঘরে যেতে। দুর্গা তার মায়ের ঘরে যায় এবং মায়ের পুরনো জিনিস পত্র দেখে পুরনো স্মৃতি আকড়ে ধরে কান্না করতে থাকে।

হটাৎ তার চোখে পড়লো সেই টিনের বক্স টি,

বক্সটি খুলতেই চমকে উটলো দুর্গা।

_একি আমার মায়ের সাথে মেসো , তাও আবার অন্তরঙ্গ ফটো!

বিস্ময়ে হতাশায় বক্সটি তে আবার হাত দিলো। এবার তার সামনে এলো একটি চিঠি যেটা তার মা মৃত্যুর আগের দিন মল্লিকার জন্য লিখে ছিলো, চিঠিতে লেখা ছিলো_

প্রিয় মল্লিকা দি,

তুমি আমাকে নতুন করে বাঁচার আশা দিয়েছো। একটা নতুন জীবন দিয়েছো। তোমাকে আজ কয়েক দিন থেকে একটা কথা বলবো বলবো ভাবছি, কিন্তু কিভাবে বলবো বুঝে উঠতে পারছি না। আমি বললেই কি তুমি আমার কথা বিশ্বাস করবে? তবে না বলে আর থাকতে পারছি না। দিদি, যে মানুষটা আমার জীবনটা শেষ করে দিলো, সে যে আজ তোমার জীবনটাও শেষ করে দিবে। তুমি যাকে বিয়ে করেছো সে -আমারই প্রতারক প্রেমিক অগ্নি। আমার মেয়ে দুর্গার বাবা। জানি না তুমি বিশ্বাস করবে কি না? হয়তো এই চিঠিটা পড়ার পর তুমি আমাকে আর দুর্গা কে এই বাড়ি থেকে তাড়িয়ে দিবে। কিন্তু তাতে আমার কোনো আক্ষেপ নেই। তোমাকে এই সত্যি জানাতে না পারলে আমি নিজেকে ক্ষমা করতে পারবো না দিদি।

ইতি

তোমার অভাগিনী বোন

চিঠিটি পড়ার পর দুর্গার কাছে সব জলের মত পরিস্কার। তার মেসো তার নিজর বাবা,তার মায়ের খুনি। ঘরের দরজা দিয়ে দিলো সে ,মল্লিকা এলো অথচ দুর্গা তার সাথে

দেখা করতে আসেনি এটা এই প্রথম বার হলো। মল্লিকা নিজে দুর্গার ঘরে যায় সেখানে তাকে দেখতে পেলো না।তার পর সেই তার মায়ের ঘরে যায় সেখানে ভিতর থেকে দরজা বন্ধ।

_দুর্গা মা,তুই কি এই ঘরে, আমি এসেছি তুই আমার সাথে কথাও বললি না?

_তুমি চলে যাও মনি মা, আমায় একটু একা থাকতে দাও।

দুর্গার গলা শুনে মল্লিকা বুঝতে পারলো কিছু একটা হয়েছে। তাই আর বিরক্ত না করে ঘরে গিয়ে ঘুমিয়ে পরলো।

ভোর হলো প্রিয়া ঘর থেকে বেরিয়ে এলো,

_কি হয়েছে মা, আমাকে বল দুর্গা ,তোর চোখ মুখ শুকিয়ে গেছে কেনো?

_মনি মা তুমি আমার সাথে আমার মায়ের ঘরে চলো,তোমার সাথে আমার কিছু কথা আছে।

_মেসো মানে তোমার স্বামী, জয়ের বাবাই আমার বাবা।

_এই সব কি বলছিস দুর্গা ,তুই তো আমারই সন্তান তবে তো তোর মেসো তোর বাবাই হবে।

_না মনি মা,মেসো আমার নিজের রক্তের সম্পর্কের বাবা।আর আমার মায়ের খুনি।

_তুই মজা করছিস?তোর এত সাহস তুই আমার সাথে এই সব বিষয়ে মজা করছিস?

_মনি মা আমি তোমার পায়ে পরি ,একটি বার আমাকে বিশ্বাস করো,আমাকে ভুল ভেবো না,আমার কাছে প্রমাণ আছে।

_কি প্রমাণ

দুর্গা তার মায়ের আর মেসো মানে অগ্নির অন্তরঙ্গ ফটো ,এবং তার মায়ের লেখা সেই চিঠিটা মনি মায়ের হাতে দিলো।

_একি? আমি কিছু বিশ্বাস করতে পারছি না,কিন্তু বিশ্বাস না করার তো কোনো উপায় নেই।

মল্লিকা ভীষণ ভেঙে পরলো,দুর্গা তাকে সান্তনা দিয়ে বললো_

_তুমি তো একজন মহান মা, নিজেকে তো তুমি সমাজ কল্যাণের জন্য উৎসর্গ করেছো ,তুমি পারবে না আমার মায়ের খুনিকে শাস্তি দিতে?

_পারবো দুর্গা,কিন্তু তার আগে আমাদের প্রমাণ জোগাড় করতে হবে,তুই আমার সঙ্গে অগ্নির বাড়ি চল।

দুর্গা, জয় এবং মল্লিকা বাড়ি ফিরে এলো।

_এত তাড়াতাড়ি চলে এলে যে?

_তোমাকে ছাড়া ভালো লাগে না তাই চলে এলাম।

অগ্নি খুব খুশি হয়ে বলে

_তোমার হাতের এক কাপ মিষ্টি চা খেতে খুব ইচ্ছা করছে।
_একটু দাড়াও আমি এক্ষুনি নিয়ে আসছি।
এই বলে মল্লিকা রান্না ঘরে গিয়ে চায়ের কাপে সামান্য ঘুমের ওষুধ মিশিয়ে দিলো।
_এই নাও তোমার চা।
চা খাওয়া হতে না হতেই অগ্নি ঘুমিয়ে পরে,মল্লিকা আর দুর্গা তাকে হাসপাতালে নিয়ে যায় এবং DNA টেষ্ট করে।
রিপোর্ট পজেটিভ,তাই মল্লিকার মনে অবিশ্বাসের কোনো জায়গা নেই।
অগ্নি কিছু বুঝতেই পারে না।
তার পরের দিন দুর্গা একটি অডিও রেকর্ডার নিয়ে অগ্নির ঘরে যায়
_বাবা
_কি রে দুর্গা আমাকে বাবা বলে ডাকছিস কেনো?তোর তো বাবার ই ঠিক নেই।
_আমি এই প্রথম ও এই শেষ তোমাকে বাবা ডাকছি কারণ আমি জানি তুমি আমার মায়ের খুনি।
_কিন্তু কি করে জানলি আর জানলেই বা কি ? প্রমাণ তো করতে পারবি না।
_আমি প্রমাণ দিবো অগ্নি
_একি মল্লিকা তুমি?তুমি এইসব কি বলছো?
_ইন্সপেক্টর রাজ দয়া করে একে এক্ষুনি অ্যারেস্ট করুন।
_ কি প্রমাণ আছে ?আমাকে অ্যারেস্ট করাতে পারো না তুমি মল্লিকা,আমি তোমার স্বামী।
_স্বামী না,প্রতারক প্রেমিক,দিশাকে খুন করেছ তুমি।
অগ্নিকে অ্যারেস্ট করে নিয়ে যাওয়া হয়।
দিশাকে খুন করা এবং প্রেমে প্রতারণা করার জন্য,আদালত তাকে যাবৎ জীবন কারাদণ্ডের আদেশ দিলো।
মল্লিকা তার মা বাবা , জয় ও দুর্গা কে নিয়ে খুব ভালো আছে।
ইন্সপেক্টর রাজ (দুর্গার মনের মানুষ) এর সঙ্গে দুর্গার বিয়ে দিয়ে মল্লিকা নিজের দায়িত্ব সম্পূর্ণ করলো।

সমাপ্ত

"সূর্যের কিরণ"

কিরণ খুবই মেধাবী ছাত্রী ছিলো, আর সূর্য ছিল কিরণে বিদ্যালয় জীবনের প্রিয় বন্ধু।

কিরণের অনেক প্রিয় বন্ধু ছিল কিন্তু সময়ের সাথে সাথে সব বদলে গেলো বর্তমানে কিরণ বড্ড একাকী । কিরণ যখন ভীষন একা হয়ে পরে ঠিক তখনি তার পাশে এসে দাড়ায় সূর্য। কিরণ যদিও ছেলেদের সঙ্গে কথা বলাটা পছন্দ করতো না তবুও সূর্যকে

তার বেশ ভালই লাগত। একজন ছেলে প্রতারক বলে সব ছেলে তো একরকম হয় না। সূর্যের প্রেমিকা ছিল এটা জানতো কিরণ, কিরণেরও একটা অতীত ছিল, দু জন দুজনের সম্পর্কে সব জানে।

কিরণ যখন তার অতীতকে বিশ্বাস করে প্রতারণার শিকার হয়, যখন সে একা হয়ে যায়। কারোর সাথেই তেমন কথা বলত না। তবে সূর্য এসএমএস করলে ঠিক উত্তর দিত। এই গোটা বিশ্বে সূর্যই ছিলো তার এক মাত্র বন্ধু।

বছর খানেক আগে সূর্য কিরণকে তার মনের ভালোবাসার কথা জানায়,কিন্তু কিরণ একটুও অবাক হয়নি কারণ কিরণ সূর্যের চোখের ভাষায় আগেই বুঝে ছিলো। যদিও কিরণ সূর্যকে মনে মনে ভালোবাসে কিন্তু সেটা প্রকাশ করার কোনো উপায় ছিল না তার কাছে। প্রথমত একবার প্রতারণার শিকার হওয়ার পর দ্বিতীয়বার কারোর হাত ধরার সাহস তার হয়নি। যে সম্পর্কের কোনো পরিণতি নেই সেই সম্পর্ক তৈরি করার কোনো অর্থ নেই। সূর্য কিরণের প্রত্যাখ্যান এর কারণটা বুঝে ছিল তাই সে কিছু মনে করিনি। সূর্য যদিও জানতো কিরণের মনের কথা। এই ঘটনা তাদের বন্ধুর্তে কোনো প্রভাব ফেলেনি। বেশ ভালই চলছিলো সবকিছু , বিদ্যালয়ের গণ্ডি পেরিয়ে কলেজ জীবনে পা রাখার এক বছর পর কিরণ বুঝতে পারে , সুযের কাছে তার গুরুত্ব ধীরে ধীরে কমে যাচ্ছে। প্রিয় বন্ধু হিসেবের সূর্যের উচিত তার খোজ খবর রাখা কিন্তু সূর্য তার কোনো দায়িত্ব পালন করছে না। সূর্যের প্রিয় বন্ধুর তালিকায় যুক্ত হলো আরও বেশ কিছু বন্ধুর নাম। বর্তমানে সূর্য তার নতুন প্রিয় বন্ধুদের নিয়ে ভীষন ব্যাস্ত। কিরণ ভেবেছিলো সূর্যের সাথে কথা বলে বিষয়টা বুঝতে চেষ্টা করবে। সূর্যের সাথে কথা বলার পর কিরণ বুঝতে পারে তার একমাত্র প্রিয় বন্ধুর কাছে তার একটুও গুরুত্ব নেই। এমন কি সূর্যের চোখের ভাষাতেও তার প্রতি অবহেলা স্পষ্ট ফুটে উঠে। সূর্যের কথা বার্তা ও ব্যাবহারে আজ কাল কিরণ নিজেকে অপমানিত বোধ করে। তার খুব খারাপ লাগতো কষ্ট পেতো। বর্তমানে উভয়ের সামনা সামনি দেখা হলেও অপরিচিত ব্যাক্তির মতই পাশ কাটিয়ে চলে যায়।

তাই সে সিদ্ধান্ত নিলো অনেক দূরে চলে যাবে। যেখানে তার কোনো পরিচিত মানুষ থাকবে না। ছোটবেলা থেকেই মামার বাড়িতে মানুষ হয়েছে কিরণ। যখন তার বয়স মাত্র তিন বছর তখনই তার বাবা মা একটি দুর্ঘটনার প্রাণ হারায়। তাই সবাইকে ছেড়ে অনেক দূরে চলে যেতে তার আর কোনো পিছুটান রইলো না।

শুরু হলো কিরণের একা বেচেঁ থাকার লড়াই। কিরণ অনেক দূরে চলে যায়। সূর্য কিছু জানতেও পারে না। কিরণ বীরভূমে চলে যায়,সেখানেই পড়াশুনা করে একটি স্কুলের শিক্ষিকা হিসেবে কাজ করছে। এই প্রতিষ্ঠিত হওয়ার সময় টুকু তার পাশে কেউ ছিলো না।

সূর্য আর কিরণের চির বিচ্ছেদ হলো। কিন্তু সূর্যের কিরণ ছাড়া যেমন গোটা দেশ অন্ধকার ঠিক তেমনি সূর্য ছাড়া কিরণ এর অস্তিস্ত অসম্পূর্ণ।

কিছুদিন পর সূর্য জানতে পারে কিরণ আর এই এলাকায় নেই ,কোথায় গেছে সেটা কেউ জানে না। কিরণের মামাকে জিজ্ঞাসা করে জানতে পারে কিরণ তাদের সঙ্গেও কোনো যোগাযোগ রাখিনি, মাস খানেক আগে তার মামাকে একটি চিঠি আর কিছু টাকা পাঠিয়েছিল কিরণ।

কেটে গেলো দীর্ঘ পাঁচ বছর,বর্তমানে কিরণ একটি স্কুলের শিক্ষিকা,সকলের প্রিয় কিরণ দিদিভাই। ছাত্র ছাত্রীরা কিরণকে খুব ভালোবাসে।কিরণের বর্তমান বয়স 27 বছর,কিন্তু সে আজও বিয়ে করেনি।কারণ আজও কেউকে ঠিক বিশ্বাস করতে পারেনা। মাস দেড়েক আগে কিরণ খুব অসুস্থ হয়ে যায়, চিকিৎসা করে জানা যায় কিরণের একটি কিডনি ফুটো এবং হার্ট ব্লক হয়েছে।বেশি দিন বাঁচবে না। স্কুলের সমস্ত শিক্ষক শিক্ষিকা ও ছাত্র ছাত্রীরা এই সংবাদে ভীষন ভাবে ভেঙে পড়েন।কিন্তু কিরণ স্বাভাবিক আছে এমনিতেই তার বেচেঁ থাকার ইচ্ছেটা ছিলোই না। শুধু বিধির বিধানে বেঁচে আছে।

কিরণ ছোটো বেলা থেকেই বাচ্চাদের খুব ভালোবাসতো আর আজ কিরণের স্কুলে অনাথ আশ্রমের ছোটো ছোটো বাচ্চাদের নিয়ে একটু অনুষ্ঠানের আয়োজন করেছে কিরণ।খুব সুন্দর ভাবে অনুষ্ঠান সম্পূর্ণ হলো। কিরণ নিজে দায়িত্ব নিয়ে বাচ্চা দের অনাথ আশ্রমে নিরাপদে রেখে আসতে যাচ্ছে হটাৎ গাড়িতে কিচ্ছু লোক উঠে তাদের প্রত্যেককে অজ্ঞান করে কিডন্যাপ করলো। এটি ছিল একটি বাচ্চা কিডন্যাপের গ্যাং, আর গ্যাং কে অ্যারেস্ট করে শাস্তি দেবার দায়িত্ব ছিলো পুলিশ অফিসার সূর্যের , কর্তব্য পালনের জন্য সূর্য বীরভূমে এলো নতুন পুলিশ অফিসার হিসেবে। বাচ্চা কিডন্যাপের সঙ্গে একটি ম্যাডামও কিডন্যাপ হওয়ার খবর পেলো সূর্য ।সূর্য তার সহকর্মীদের নিয়ে মিশনে বের হয়। মিশনে প্রত্যেকটি বাচ্চা ও ম্যাডামকে উদ্ধার করা হয় এবং কিডন্যাপ দলকে অ্যারেস্ট করার সময় একজন পালিয়ে যান।বাকি প্রেতেকেই অ্যারেস্ট হয়। যে পালিয়েছিল সে ভাবলো এই পুলিশ অফিসার আমাদের সব কাজ শেষ করে দিলো তাই আগে একে শেষ করতে হবে ,যেই ভাবলো অমনি কাজ কাজ শুরু করলো । সমস্ত বাচ্চারা ও কিরণের জ্ঞান ফিরিয়ে প্রাথমিক চিকিৎসা করে নিরাপদে তাদের ফিরিয়ে নিয়ে যাচ্ছে সূর্যের সহ কর্মীরা।

আর সূর্য বেরিয়ে গেছে সেই পলাতক অপরাধীকে ধরতে। সেই পালিয়ে যাওয়া অপরাধী লরি দিয়ে সূর্যের গাড়ি অ্যাকসিডেন্ট করান এবং নিজে পালিয়ে যায়।

এতক্ষণে কিরণ নিউজ পেপার দেখে অবাক ও বিস্ময় হলো। আশ্রমের বাচ্চাদের উদ্ধার করতে গিয়ে আহত পুলিশ অফিসার , ছবি দেখে কিরণ বুঝতে পারলো বুঝতে _ এই পুলিশ অফিসার আর কেউ নয় তার ছোট বেলার প্রিয় বন্ধু সূর্য। কিরণ ছুটে যায় হসপিটালে গিয়ে দেখতে পেলো অজ্ঞান অবস্থায় পড়ে আছে সূর্য। ডক্টরকে জিজ্ঞাসা করে জানতে পারলো, অ্যাকসিডেন্টটা খুব সাংঘাতিক ছিলো তাই সূর্যের দুটি চোখ নষ্ট হয়ে গেছে এবং একটি কিডনি অকেজো হয়ে গেছে।

কিরণ ডাক্তার বাবুকে বললো আমার তো একটি কিডনি ফুটো আছে আর একটি ভালো আমার ভালো কিডনিটি দিয়ে আপনি অফিসারের কিডনিতে স্থানান্তরিত করুন। আমি তো এমনিতেই বাঁচবো না বেশিদিন আমার চোখ দুটো আমি উনাকে দিতে চাই চাই।

ডাক্তার বাবু প্রথমে রাজি না হলেও পরে রাজি হন। বর্তমানে সূর্য সম্পূর্ণ সুস্থ। সূর্য ভাবলো আজ একবার সেই স্কুলে যাবে এবং সেই ম্যাডাম এর সাথে কথা বলবেন যিনি কিডন্যাপ হয়েছিলেন সেই ছোটো ছোট বাচ্চাদের সাথে।

সূর্য বেরিয়ে গেলো সেই স্কুলের উদেশ্যে ,অন্য দিকে সেখানে তখন চলছিল কিরণের অন্তিম কাজ,সমস্ত ছাত্র ছাত্রী ও শিক্ষক শিক্ষিকা গণ কিরণের ছবিতে রজনীগন্ধা ফুলের মালা পরিয়ে বিদায় জানাতে ব্যাস্ত। সূর্যকে সেই স্কুলের দেখে তার কারণ জানতে চান সেই স্কুলের হেড মাস্টার মশাই। কারণ শুনে তিনি তাকে তার কক্ষে নিয়ে গিয়ে সবটা বললেন।

সূর্য হেড মাস্টারের ঘর থেকে বেরিয়ে অন্যমনস্ক হয়ে এগিয়ে যাচ্ছে। হটাৎ তার চোখে পড়লো ,সামনে প্রচণ্ড ভিড়, অনেক ছাত্র ছাত্রী এবং শিক্ষক শিক্ষিকরাও আছেন সেখানে ।ভিড় পেরিয়ে সামনে গিয়ে দেখলো তার সেই প্রিয় বন্ধুর ছবিতে মালা দেওয়া। জিজ্ঞাসা করে জানতে পারলো এই সেই যার জন্য আজ সূর্য সম্পূর্ণ সুস্থ।

সূর্যের চোখের জল আর বাঁধ মানছে না। কিরণের প্রতি অবহেলার জন্য সূর্যের উপর কিরণের যতটা অভিমান হয়েছিল,তার থেকে শত গুণ বেশি অভিমান কিরণের চলে যাওয়ায় সূর্যের হৃদয় বিদীর্ণ হচ্ছে।

চোখের জলে রজনী গন্ধা ফুলে সূর্য বিদায় জানালো তার সেই হারিয়ে যাওয়া প্রিয় বান্ধবীকে। আর মনে মনে বললো - দেখা যখন হওয়ারই ছিল আর একটু আগে কেনো হলো না? এইভাবে তোকে দেখতে আমি কোনো দিন ভাবিনি। আমাকে ক্ষমা করিস কিরণ।

সূর্যের কিরণ ছাড়া এই বিশ্ব যেমন অন্ধকার ঠিক তেমনি কিরণ ছাড়া সূর্যের অস্তিত্বও অসম্পূর্ণ।

সমাপ্ত

"পারমিতার জন্য"

মৌমিতা ও পারমিতা ছোটো বেলা থেকে দুজন দুজনের প্রাণ।

পারমিতা খুবই ধনী পরিবারের সন্তান,অন্যদিকে মৌমিতা একজন অনাথ শিশু।

আজ সন্ধে বেলা পারমিতা ও পারমিতার মা বাবা অনাথ আশ্রমে আসেন এবং তাদের সামর্থ মত অনাথ আশ্রমের বাচ্চাদের পোশাক ও খাবার দান করেন।

পারমিতা লক্ষ্য করলো একটি বাচ্চা কিছুই খাচ্ছে না আর পোশাকও পড়ছে চুপ করে একটি কাগজের লেখা বানান করে করে পড়ছে,বাচ্চাটি ছিল পারমিতার

সমবয়সি,বাচ্চাটির নাম মৌমিতা। তখনই তাদের দুজের আলাপ ও বন্ধুত্ব তৈরি হয়। তখন তাদের বয়স নয় বছর।

এর পর থেকে পারমিতা রোজ অনাথ আশ্রমে আসতো , আর যদি তাকে নিয়ে আসা না হতো তবে সে কান্না করে খাওয়া দাওয়া না করে বাড়ির লোকের মাথায় চড়ে বসত। তাই এক প্রকার বাধ্য হয়েই তাকে রোজ নিয়ে আসেন তার বাবা মা। স্কুল থেকে বাড়ির ফেরার পথে সে মৌমিতার জন্য খাবার নিয়ে যেতো,দুজনে ভাগ করে খেত। আর স্কুলে যা শিখে আসে সবটাই মৌমিতা কে শিখিয়ে তারপর বাড়ি যেতো।

কিন্তু এই বিষয় গুলো আর ভালো লাগতো না পারমিতার পরিবারের সদস্য দের,সকলে বলত এত বড়ো বাড়ির মেয়ের ঐ অনাথিনি পারমিতার সঙ্গে মেলামেশাটা উচিত নয়।

পারমিতার মা তাকে বলল_আজ থেকে তুমি আর অনাথ আশ্রমে যাবে না। এতে তোমার পরিবারের মান সম্মানের প্রশ্ন উঠে।

পারমিতা বললো_ঠিক আছে মা আমি যাবো না, কিন্তু তুমি আমার বান্ধবীকে আমাদের বাড়িতে নিয়ে এসো। আমার এক সাথে খেলাধুলা করবো,পড়াশুনা করবো খুব মজা হবে।

পারমিতার মা এই কথাটা পরিবারের সকলকে বলে । সকলেই ভাবলো ভালোই হবে , কম খরচে একটা কাজের লোক হবে।

পারমিতা দুই দিন আসেনি বলে মৌমিতা খাওয়া দাওয়া করেনি। খুব মন খারাপ করে বসে আছে। এমন সময় পারমিতা আসলো।

_তুমি দুই দিন আসোনি কেনো?আমি তোমার সাথে কথাই বলবো না।

_আমি তো আর আসবো না।

মৌমিতা কান্না করে দিলো,পারমিতা মৌমিতার চোখের জল মুছতে মুছতে বললো আজ থেকে তুমি আমাদের বাড়িতে থাকবে আমার সঙ্গে ।

_সত্যি?

_হুম আমরা খুব মজা করবো।

পারমিতা মৌমিতাকে নিয়ে বাড়ি ফিরলো। পারমিতা স্কুলে যাচ্ছেনা আজ কাল। স্কুলের কথা শুনলেই কান্না করছে আর বলছে _" মৌমিতা না গেলে আমিও যাবো না "।

তাই বাধ্য হয়ে মৌমিতাকে স্কুলে ভর্তি করে পারমিতার পরিবার। কিন্তু পারমিতার মা মৌমিতাকে খুব ভালোবাসে নিজের মেয়ের মতোই আদর যত্ন করে। ,বাড়ির অন্য সদস্যরা মৌমিতাকে দিয়ে তাদের কাজ করায়।

বর্তমানে পারমিতা ও মৌমিতা দুজনেই উচ্চমাধ্যমিক পরীক্ষা দিবে। মৌমিতা টিউশনি পড়ত না এমনকি তাকে বই পর্যন্ত কিনে দেওয়া হয়নি। পারমিতার বই দুজনে মিলে পড়ে। তবে সত্যি বলতে মৌমিতা সব সময় ভালো রেজাল্ট করতো। তাই বাড়ির

বাকি সদস্যরা তাকে দিয়ে আরও বেশি কাজ করিয়ে নিতে চায়, যেনো মৌমিতা পড়তে বসতে না পারে। পারমিতা বিষয়টা লক্ষ্য করে, আর বলে বাড়িতে অনেক কাজের লোক আছে,তাই মৌমিতা যদি বাড়ির কোনো কাজ করে তবে সে এই বাড়িতেই থাকবে না।

উচ্চমাধ্যমিক পরীক্ষা শেষ ,আজ ফল প্রকাশ দুজনেই খুব চিন্তিত তবে তাদের থেকে বেশি চিন্তিত পারমিতার পরিবার। কারণ মৌমিতার রেজাল্ট যদি পারমিতার থেকে ভালো হয় তবে প্রতিবেশী লোকেরা তাদের বলবে বাড়ির কাজের লোকের কাছে হেরে গেলো বাড়ির একমাত্র মেয়ে।

ফল প্রকাশ হলো। যুগ্ম ভাবে দুজনেই প্রথম স্থান অধিকার করে।

স্বাভাবিক ভাবেই আজ তাদের জীবনে খুবই আনন্দের দিন।

পারমিতার বাবা পারমিতাকে বললো - "মা,এবার তো তোদের বিয়ে দিতে হবে,আমি বরং মৌমিতার বিয়ে টাই আগে দেই।"

_"না বাবা,আমাদের দুজনের বিয়ে হবে একই দিনে একই লগ্নে আর একই বাড়িতে।"

পারমিতার কথা শুনে প্রত্যেকে হাসাহাসি করে বলছে _"তোর শশুর বাড়ির কাজের লোকের সঙ্গে তাহলে মৌমিতার বিয়ে দিস। নাহলে কোন যোগ্য ছেলে এই অনাথ কে বিয়ে করবে?"

পারমিতা প্রতিবাদ করে বলে_ "তোমরা দেখে নিও আমি মৌমিতার বিয়ে দিবো , আর যোগ্য ছেলে এর সাথেই দিবো।"

পারমিতা ঘরে গিয়ে দেখে মৌমিতা কান্না করছে।

_"কি হলো কান্না করছো কেনো? আমি তো আছি আমি কোনো দিন তোমাকে ছেড়ে যাবো না।"

_ "আমি নিজের পায়ে দাঁড়াতে চাই পারমিতা,আমি বিয়ে করবো না।"

_"আচ্ছা আমি তো আছি,তোমার কিসের চিন্তা?"

_"হুম মৌমিতা তো আজ বেঁচে আছে"পারমিতার জন্য" নাহলে আমি আজ কোথায় থাকতাম কে জানে?"

_হুম চুপ করো।

পারমিতার পরিবার পারমিতাকে নার্সিং এ অ্যাডমিশন করে দিলো।

কিন্তু স্পষ্ট ভাবে জানিয়ে দিলো, মৌমিতার পড়াশুনার খরচ আর দিবে না তার পরিবার। কিন্তু পারমিতা হাল ছারার মানুষ না, পারমিতা ও মৌমিতা দুই জনে স্কলারশিপ করলো আর দুজনের টাকা দিয়ে মৌমিতা কে নার্সিং এ অ্যাডমিশন করিয়ে দিলো পারমিতা।

নার্সিং এ পড়াশুনা করার সময় এক ডক্টর মৌমিতা কে ভালোবাসা নিবেদন করে। কিন্তু মৌমিতা অস্বীকার করে বলে আমার জীবনের সব সিদ্ধান্ত পারমিতা নিবে। মৌমিতার কথা অনুযায়ী পারমিতার কাছে মৌমিতার বিয়ের প্রস্তাব রাখে ডক্টর অঙ্কুশ। আর পারমিতা খুব খুশির সঙ্গে রাজি হয়ে যায়।

_আচ্ছা মৌমিতা তোমার ঐ শিক্ষকের কি খবর?

_আসবে তোমার বিয়ে তে,আমার বাবা কে বিয়ের প্রস্তাব দিবে।

_আমার বিয়ে মানে?

_ওই যে ডক্টর অঙ্কুশ , উনি আমার বাবাকে বলেছে তোমাকে বিয়ে করতে চায়,

_কি বলছো কি তুমি? উনি সত্যি সত্যি বলেছেন?

_ হ্যাঁ রে , বাবা বলেছে মৌমিতা আমার সন্তান না। ও অনাথ কিন্তু অঙ্কুশ বললো তবুও আমি ওকে বিয়ে করতে চাই,বিয়ের সমস্ত খরচ অঙ্কুশ দিবে শুনে বাবা রাজি হয়ে যায়, আগামী সপ্তাহে তোমার বিয়ে।

_কিন্তু তোমাকে ছাড়া আমি কি রে থাকবো?

_আমি তোমার সাথেই চলে যাবো।

_সত্যি তো?

_হুম সত্যি সত্যি সত্যি।

পারমিতা মজা করে বলেছিল কিন্তু বিয়ের দিন ঠিক তাই হলো।

মৌমিতার বিয়ে শুরু হয় । অন্যদিকে পারমিতা জানতে পারে তার মনের মানুষ আজ আসতে পারবে না আজ নাকি তার দাদার বিয়ে। মন খারাপ করে বসে থাকে পারমিতা ,এমন সময় হঠাৎ তার মনের মানুষ দীপঙ্করকে দেখতে পেলো।

_এই তুমি ?তুমি না বললে আজ আসতে পারবে না?

_তুমি? আমি তো আমার দাদার বিয়েতে আসলাম।

_মজা করছো?

_মানে?

_কে তোমার দাদা?

ওই যে অঙ্কুশ দা।

_মানে? ও তোমার দাদা?

_হুম,

_তাহলে দেরি কেনো চলো

_কোথায় ?

_মণ্ডপে

এই বলে পারমিতা দীপঙ্করকে টানতে টানতে মণ্ডপে নিয়ে এসে বললো

_ "আমার সিথিতে সিঁদুর পরিয়ে দাও তাড়াতাড়ি,।

দীপঙ্কর সাথে সাথে সিঁদুর পরিয়ে দিলো, সকলে অবাক হয়ে তাকিয়ে আছে।

পারমিতা বললো " _ অঙ্কুশের ভাই দীপঙ্কর আর মৌমিতার বিয়ে যখন অঙ্কুশের সাথে হচ্ছে তাই আমিও দীপঙ্করকে বিয়ে করে নিলাম।_

_বলেছিলাম না , আমাদের বিয়ে একই দিনে একই সময়ে একই বাড়িতে হবে।

সকলেই পারমিতা ও মৌমিতার বন্ধুত্বের প্রশংসা করতে লাগলো।

ওদের বিয়েটা হয়েছিল নার্সিং ট্রেনিং এর শেষে ফাইনাল পরীক্ষার পর। বিয়ের একমাস পর মৌমিতা সরকারি ভাবে নার্সিং এ চাকরি পেলো,কিন্তু পারমিতা চাকরি পায়নি। পারমিতা ইচ্ছে করেই পরীক্ষাটা খারাপ দিয়েছিল, পারমিতা মন দিয়ে সংসার করতে চাইতো ,চাকরি করার ইচ্ছে ছিলো না তার।

এদিকে শশুর শাশুড়ীর কাছে মৌমিতা হলো আদরের বউ, যে কি না চাকরি করে ঘর সংসার সামলাচ্ছে। কিন্তু পারমিতা কোনো দিন ঘরের কাজ করেনি বলে চাইলেও ভালো করে রান্না বান্না করতে পারতো না,ঘরের কাজ পারে না আর চাকরিও পেলো না। তাই পারমিতার কপালে শশুর শাশুড়ীর বকাবকি শুরু হলো। মৌমিতা এসব বুঝতে পারে অনেক পরে। পারমিতা এই ব্যাপারে কিছুই বলেনি তাকে।

বর্তমানে মৌমিতা নামটা কারোর অজানা নেই,কারণ কিছু দিন আগে একটি মৃত্যু পথ যাত্রীকে বাঁচিয়ে ছিলো মৌমিতা। সেই সংবাদটা টেলিভিশন থেকে শুরু করে নিউজ পেপার সর্বত্র ছড়িয়ে পড়েছে।

আজ সকালে মৌমিতা সকলকে বলে এক সঙ্গে বসতে,সঙ্গে সংবাদ মাধ্যমের লোকও এসেছে।

পারমিতা কিছুই বুঝতে পারেনা,সে ভাবলো _"মৌমিতা তো বর্তমানে সেলিব্রেটি ,তাই সংবাদ মাধ্যমকে আসতে বলেছে ,আমি বরং যাই,এত লোকের ভিড়ে আমাকে কেউ খুঁজবে না।"

পারমিতা ঘরের দিকে এক পা এগিয়ে যেতেই মৌমিতা ডাকলো,

_পারমিতা এইদিকে এসো,

_পারমিতা এগিয়ে এলো।

সংবাদ মাধ্যমের সামনে মৌমিতা বললো

আমি এক অনাথ আশ্রমে ছিলাম, সেখান থেকে আমাকে নিয়ে এসে পড়াশুনা শিখিয়ে আমাকে আজকের এই জায়গায় পৌঁছে দিয়েছে এই পারমিতা, আমাকে সেলিব্রেটি তৈরি করে নিজে ইচ্ছে করে ঘরের কোণে পড়ে আছে আমার প্রিয় বান্ধবী পারমিতা,তাই আমিও আজ আমার চাকরি ত্যাগ করে আমার বান্ধবীর পাশে থাকবো।

আজ আমি এত বড় হলাম শুধু "পারমিতার জন্য"

শশুর শাশুড়ী বুঝতে পারে পারমিতার মহান হৃদয়ের কথা,তারা ক্ষমা চেয়ে নতুন করে সুখের সংসার তৈরি করে।

বছর দুয়েক পর শশুর বাড়ির সম্মতিতে দুই জনেই চাকরি করছে এবং সংসার সামলাচ্ছে।

সমাপ্ত

"বিপাশার লড়াই"

বারাসাতের এক গলিতে বিপাশার বাড়ি,দিদি মমতা ও তার বাবা কে নিয়ে তাদের পরিবার,ছোট বেলায় মাকে হারিয়ে অনেক লড়াই করে দুই বোন জীবনে লড়াই চালিয়ে যাচ্ছে।

কলকাতার এক পরিবারে বিপাশার দিদির বিয়ে হলো ।বিপাশার দিদির বিয়ে হয়েছে আজ চার মাস ,বিপাশা তার দিদির বাড়িতেই থাকে, কারণ বিপাশার দিদির বিয়ের বৌভাতের দিন গাড়ি অ্যাকসিডেন্ট হয়। তার পরিবারের একটু জায়গা দিতে,বিপাশার স্বামী রুদ্রিক খুব দয়ালু মানুষ, এর আগে তার পিসি ও পিসেমশাই মারা যাওয়ায় তাদের অনাথ সন্তান অভিরুপকে তাদের বাড়িতেই স্থান দিয়েছে,বর্তমানে তাদের পরিবারে পাঁচ জন সদস্য তবে ঘর মাত্র তিনটি,একটি ঘরে মমতা ও তার স্বামী ওপর ঘরে বিপাশার বাবা ও কাকা আর অন্য একটি ঘরে অভিরুপ,সবকটি ঘরই খুব ছোট একজনের জায়গায় দুজন খুব কস্ট করে থাকে।রুদ্রিকের মা মারা যায় তিন বছর আগে।এই অবস্থায় বিপাশা কে থাকতে দিতে রাজি হলেও ঘর তো নেই বিপাশা থাকবে কোথায়? রুদ্রীক একটি প্রাইভেট কোম্পানিতে কাজ করে ,মাস শেষে বেতন মাত্র সাত হাজার টাকা,এই মাইনে দিয়ে কোনোভাবে টেনে টুনে সংসার চলে,রুদ্রীকের বাবা শয্যাশায়ী কাকা একটি দোকানে কাজ করে যা উপার্জন করে সবটাই অভিরুপের পড়াশোনার জন্য খরচ করে ফেলে।এই পরিস্থিতিতে আর একটি বোঝা কিছুতেই নিতে চাইছে না কাকাবাবু,কিন্তু একা একটি নাবালিকাকে রাস্তায় ছেড়ে দিতে মন চাইছে না কারোর,তাই সকলে মিলে ঠিক করলো বিপাশা আর তার দিদি মমতা একসঙ্গে থাকবে আর অভি ও রুদ্রিক এক ঘরে থাকবে।

এইভাবে কেটে গেলো একবছর,বিপাশার বর্তমানে আঠারো বছর বয়সে পা দিলো ,অভিরুপের বয়স তখন ২২ বছর। এই একবছরে অভীরুপ ও বিপাশার মধ্যে ভালোই বন্ধুত্ব হয়।

তবে বিপাশার পড়াশুনা করে নিজের পায়ে প্রতিষ্ঠিত হওয়ার স্বপ্ন টা বর্তমানে স্থগিত রয়েছে । মমতা সহ বাড়ির প্রত্যেকের ইচ্ছে থাকলেও উপায় ছিল না,পড়াশুনা মানে অনেক খরচ বই খাতা সহ অনেক কিছু লাগবে।

অভীরুপ মনে মনে বিপাশাকে খুব পছন্দ করত বিপাশার স্বপ্ন গুলো এইভাবে ভেঙে যেতে দেখে তার খুব কষ্ট হলো।

___বিপাশা যদি আমি তোমাকে পড়াশুনার ব্যাবস্থা করে দেই ,তুমি পরবে তো?

___হুম নিশ্চই কিন্তু কিভাবে? দিদি যে বললো____

বিপাশাকে আর কিছু বলতে না দিয়ে অভি বললো

_চুপি চুপি পড়তে হবে,কেউ কে বলতে পারবে না,আমি তোমাকে আমার পুরোনো বই গুলো দিলাম,কিছু বুঝতে অসুবিধে হলে আপনাকে বলবে।

_আমি তোমাকে ওপেন ইউনিভার্সিটি তে অ্যাডমিশন করিয়ে দিলাম,প্রতি দিন যেতে হবে না।

_আচ্ছা ,ধন্যবাদ অভি।

অভি কেউকে না জানিয়ে একটি দোকানে কাজ নিলো,এইভাবেই সে তার এবং বিপাশার পড়াশুনাটা চালিয়ে নিচ্ছে। কিন্তু একথা কেউ জানে না।

এইভাবেই চলে গেলো পাঁচ বছর,বর্তমানে অভি পুলিশ অফিসার।

নতুন বাড়ি কিনেছে,তারা সবাই নতুন বাড়িতে থাকে। কিন্তু কেউ জানে না বিপাশার লেখা পড়ার কথা। আজ অভি ঠিক করে আজ সবাইকে সত্যি বলবে,কারণ আজ বিপাশার স্বপ্ন সত্যি হওয়ার দিন।বিপাশা বিডিও অফিসার হওয়ার পরীক্ষা দিয়ে ছিলো আজ তার ফল প্রকাশ হবে।

অভি রেজাল্ট চেক করে চুপ করে বসে আছে কিছু বলছে না।

____অভি কিছু বলো,আমি কি হেরে গেলাম? তোমার এত পরিশ্রম কি বৃথা গেলো?এইসব বলতে বলতে ভীষন কান্নায় ভেঙে পরে বিপাশা।

বিপাশা তোমার স্বপ্ন সত্যি হলো।

_সত্যি অভি?

আনন্দে দুজন দুজনকে জড়িয়ে ধরে।একটু পরে লজ্জায় সরে যায় দুইজন।অভি বিপাশার হাত ধরে তাদের বসার ঘরে নিয়ে গেল সব সত্যি সবাইকে বলবে বলে।কিন্তু কিছু বলার আগেই বিপাশার নামে চিঠি আসলো। চিঠি খোলার আগেই জামাইবাবু বলে উঠেন।

"__মমতা, তোমার বোন আমাদের বাড়িতে আছে কিন্তু আর কত দিন।এইবার ওর বিয়ে দিতে হবে , বয়স তো আর কম হলো না।আজ পাত্র পক্ষ আসবে বিকালে বিপাশাকে সাজিয়ে গুছিয়ে তৈরি করে রেখো। আমি বাজার যাচ্ছি।"

_জামাইবাবু

_কিছু বলবি বিপাশা?

_চিঠিটা?

মমতা বিপাশার হাত থেকে চিঠিটি নিলো আর অবাক হয়ে গেলো। সবাই জানতে চাইলেন কি আছে চিঠি তে,মমতা জানায় এটা আমাদের এলাকার নতুন বিডিও অফিসার এর জয়েন লেটার।বিপাশার নামে এসেছে।

সকলে অবাক! জামাইবাবু বললো,- ভুল বসত এসেছে মনে হয় আমি কালকে অফিস থেকে ফিরে খবর নিয়ে আসবো।

বিপাশা চারিদিকে দেখলো, _ কোথাও নেই অভি,কি হলো অভির?

বিপাশা একা সাহস করে কিছুই বলতে পারলো না।

বিকেল চারটায় পাত্র পক্ষ এলো, বিপাশাকে খুব পছন্দ হলো,আগামী একুশ তারিখ বিয়ে ঠিক হল।

হাতে মাত্র সাত দিন আছে ,তারপরই বিয়ে!

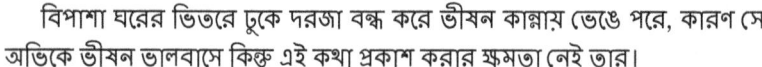

বিপাশা ঘরের ভিতরে ঢুকে দরজা বন্ধ করে ভীষন কান্নায় ভেঙে পরে, কারণ সে অভিকে ভীষন ভালবাসে কিন্তু এই কথা প্রকাশ করার ক্ষমতা নেই তার।

আজ বিপাশার স্বপ্ন সত্যি হলো কিন্তু বিপাশার মন ভেঙে গেলো।

রাত্রি বেলা খাবার টেবিলে সকলে বসে অভির অপেক্ষা করছে।

_কি রে অভি তোর এত দেরি হলো কেনো? কোথায় ছিলি? জানিস আগামী একুশ তারিখ বিয়ে ঠিক হল বিপাশার।"

_" আর একটু আগে আসলে ছেলে কে দেখতে পেতে। খেতে বসো অভি।"

অভি কারোর কোনো কথার উত্তর দিলো না।

অভি একবার চোখ তুলে দেখলো সকলেই বিপাশার বিয়ের আনন্দে আনন্দিত। শুধু বিপাশা উদাস ভাবে অভির দিকে তাকিয়ে আছে।

__আমার খিদে নেই বৌদি, আর দয়া করে আজ আমাকে আর ডাকাডাকি করো না। আমি আসছি।

বিপাশা বললো _ দিদি আমার শরীরটা ভালো লাগছে না রে,আমি ঘরে যাই।

মাঝ রাত্রিতে অভির ঘরে দরজায় কেউ নক করছে।,অভি চোখের জল মুছতে মুছতে বিরক্তির সঙ্গে দরজা খুললো।

__একি বিপাশা তুমি এত রাত্রে?

বিপাশা ঘরে ঢুকে দরজা বন্ধ করে দেয়।

_কি হলো অভি ?যখন সব সত্যিটা সকলকে জানাবে বললে তখন তুমি কোথায় হারিয়ে গেলে?

অভি, আর কিছু বলতে পারলো না, বিপাশা ভীষন কান্না করেছে,।

অভি শুধু বললো। "___চিন্তা করো না বিপাশা তোমার চাকরি হবেই , কেউ বাধা দিতে পারবে না।

আর অনেক অনেক অভিনন্দন নতুন জীবন শুরু করার জন্য।"

বিপাশার কান্নার আওয়াজ এইবার বেড়ে গেলো। পাশের ঘরে মমতার ঘুম ভেঙে গেলো বাইরে বেরিয়ে এসে অভির ঘরে আওয়াজ শুনে বাইরে থেকে ভিতরের কথা বার্তা শোনার চেষ্টা করলো ।

__অভি তুমি কেনো কান্না করছো?

__কই না তো।

_মিথ্যে বলে কি হবে অভি? আমার চোখে ফাঁকি দিতে পারবে না। আজ একটা কথা বলবো অভি?

__বহুদিন থেকে বলতে চেয়েছি কিন্তু বলতে পারিনি,আমি আমার জীবন সঙ্গী হিসেবে তোমাকেই চাই অভি,আমি তোমাকে খুব ভালোবাসি । কিন্তু এই কথা আমি দিদি বা জামাইবাবু কেউ কে বলতে পারবো না।

আমি চললাম অভি ,বিদায়।

_কোথায় যাবে?

_নিরুদেশে

_না বিপাশা ,

বিপাশাকে জড়িয়ে ধরে বললো

__ আমিও তোমাকে ভীষন ভালোবাসি ।কিন্তু কি করবো বলো, এক অনাথ শিশু কে আশ্রয় দিয়ে মানুষ করলো যারা তাদের সিদ্ধান্তের উপর কি করে কথা বলতে পারি ?

_বিপাশা অজ্ঞান হয়ে গেলো।

বিপাশাকে সেই রাত্রে নিজের কাছে রেখেই জ্ঞান ফেরানোর চেষ্টা করলো অভি ,কিন্তু কিছু হলো ।

বিপাশা অজ্ঞান ।

মমতা সব সত্যিটা জেনে গেলো এবং রেকর্ড করলো। মমতা জানতো এই সত্যি গুলো প্রকাশ করলে কি হবে? কিন্তু নিজের বোনের জন্য এইটুকু করতেই হবে।

ভোর হতে না হতেই দেখা গেলো বিপাশা অজ্ঞান ও তার পাশে ঘুমের ওষুধ হাতে অজ্ঞান অভি।

কেউ কিছু বুঝে ওঠার আগেই ডক্টর এর কাছে নিয়ে যায় ওদের। সুস্থ হওয়ার পর দুজনকেই প্রশ্ন করে বিপাশার জামাইবাবু,__

কিন্তু দুইজনই ছিল নির্বাক,

এমন সময় মমতা রেকর্ড করা অডিওটা

সকলের সামনে চালিয়ে দিলো,এরপর প্রত্যেকে জানলো বিপাশার লড়াইয়ের কথা,সকলে মিলে বিপাশা ও অভির বিয়ে দিলো।

সমাপ্ত

" একটি বেকার ছেলের কাহিনী"

কৃষ্ণ বিনা রাধিকা যেমন,ফুল পল্লব বিরহিত পুষ্প তরু, অনিরুদ্ধ হীন অনুরাধা ঠিক তেমনই,ওরা দুজনেই ছিল সমবয়সি, দীর্ঘ পাঁচ বছরের সম্পর্ক তাদের,আজ গোধূলি লগ্নে অনুরাধার বিয়ে,তবে অনিরুদ্ধ এর সঙ্গে নয়, এই শহরের নাম করা ধনী ব্যক্তির ছেলের সঙ্গে।

অনুরাধা অনিরুদ্ধ এর কথা তার পরিবারকে জানিয়ে ছিলো কিন্তু কোনো লাভ হয়নি,কারণ অনিরুদ্ধ বেকার ছেলে। তার পরিবারের ইচ্ছে অনুযায়ী পরিবারের পছন্দের ছেলের সঙ্গে অনুরাধার বিয়ে ঠিক হল।

অনুরাধা অনিরুদ্ধকে কতটা ভালোবাসতো সেটা কারোর পক্ষে আন্দাজ করা সহজ হলো না। অনিরুদ্ধ কে সে বলেছিল

_ "আমি তোমাকে ছাড়া বাঁচব না অনিরুদ্ধ,তুমি বেকার তো কি হয়েছে? তুমি যদি আমার পাশে থাকো তবে আমি ভিক্ষা করেও জীবনটা কাটিয়ে দিতে পারবো, _"

কিন্তু অনিরুদ্ধ এইসব কিছু চায়নি,সে ভাবত সে কোন মুখে তার বাড়িতে অনুরাধার কথা বলবে,সে যে বেকার, আর বেকার ছেলেদের বিয়ে করার স্বপ্ন দেখতে নেই,সে ভেবেছিল অনুরাধার কষ্ট হচ্ছে ঠিকই কিন্তু সময়ের সাথে সাথে অনুরাধা ঠিক অনিরুদ্ধকে ভুলে যাবে । এই ভেবেই সেদিন অনুরাধাকে ফিরিয়ে দেয়,তারপর থেকে অনিরুদ্ধ নেশা করতে শুরু করে অনুরাধাকে ভুলে থাকার জন্য। অনুরাধা ফোন করলে ফোন কেটে দিত, তাদের আর কথা হতো না।এই ভাবে ছয় মাস কেটে যাওয়ার পর নির্ধারিত দিনে আজ গোধূলি লগ্নে অনুরাধার বিয়ে। সেদিন বিকাল থেকেই অনিরুদ্ধ নিজেকে একটা ঘরে বন্ধ করে রেখে ছিল, সন্ধ্যে হল, ছেলেদের নাকি কান্না করতে নেই,কিন্তু অনিরুদ্ধ সেদিন খুব কান্না করে ছিলো। খুব ভেঙে পরে সে, হটাৎ তার বন্ধু মিঠুনের ফোন এলো,অনিচ্ছা থাকা সত্বেও ফোনটা রিসিভ করলো,

___একি শুনছে অনিরুদ্ধ!নিজের কানকেই বিশ্বাস করতে পারছে না।তার মাথায় আকাশ ভেঙ্গে পড়লো! সে তো এই সব চায়নি,সে শুধু তার অনুকে একটু সুখী দেখতে চাইত। মিঠুনের কাছে জানতে পারলো অনুরাধা বিয়ের সেই রাতে আত্মঘাতী হয়! এই খবর শোনার পর অনিরুদ্ধ এর কোনো সাড়া পাওয়া যায়নি। পরদিন সকালে তার বাড়ির লোক দরজা ভেঙে দেখে অনিরুদ্ধ আত্মহত্যা করেছে তার হাতে একটি কাগজ তাতে লেখা _

প্রিয় মা,বাবা

"আমি বেকার ছেলে , এটাই আমার দোষ,আমাকে ক্ষমা করো।।"

ইতি তোমাদের অনি

সমাপ্ত

"

www.ingramcontent.com/pod-product-compliance
Lightning Source LLC
Chambersburg PA
CBHW021143120525
26538CB00037B/589
9798889751892